10|18
12, avenue d'Italie — Paris XIIIe

Sur l'auteur

Michael Moore est journaliste, scénariste, acteur, producteur, réalisateur pour la télévision et le cinéma. Après *Roger et Moi* et *The Big One, Bowling for Columbine*, son dernier film, a reçu le César du meilleur film étranger et l'Oscar du meilleur documentaire en 2003. Son dernier ouvrage, *Tous aux abris*, a paru aux éditions La Découverte en 2004.

DÉGRAISSEZ-MOI ÇA !

Petite balade dans
le cauchemar américain

PAR

MICHAEL MOORE

Traduit de l'américain
par Marc SAINT-UPÉRY

10|18

« Fait et cause »
dirigé par Hugues Jallon

LA DÉCOUVERTE

Dans la même collection

GILBERT ACHCAR, *Le Choc des barbaries*, n° 3606
CHRISTOPHE AGUITON, *Le monde nous appartient*, n° 3594
NOAM CHOMSKY, *De la propagande*, n° 3595
COLLECTIF, *Le cadavre bouge encore*, n° 3596
► MICHAEL MOORE, *Dégraissez-moi ça !*, n° 3603
MICHAEL MOORE, *Mike contre-attaque !*, n° 3597
SAINT-JUST, *L'Esprit de la révolution*, n° 140
RICHARD SENNETT, *Le Travail sans qualités*, n° 3608
SERGE TISSERON, *Enfants sous influence*, n° 3598

Ouvrage apporté par Olivier Amiel

Titre original :
Downsize This ! Random Threats from an Unarmed American

ISBN 2-264-03712-1

À ma femme, Kathleen,
et ma fille Natalie…
deux filles très drôles
que j'aime à la folie

Sommaire

Lecteur français, salut !

Quand j'ai appris vers la fin de l'année 1999 que Michelin avait décidé de licencier 7 500 salariés juste après avoir annoncé des profits records pour cette année, j'ai cru que c'était une blague. J'ai pensé : pas en France, et pas comme ça. Les Français ne laisseraient pas faire. Bien sûr, nous les Américains, cela fait deux décennies que nous subissons les effets de cette soif du gain, mais la France, quand même… la France, c'était autre chose. C'était un pays qui mettait le bien-être de ses citoyens avant l'obsession du profit. C'était un pays qui reconnaissait la valeur du travail et qui avait établi un contrat social implicite : si vous travaillez dur et que votre entreprise prospère, vous aussi vous pourrez prospérer. C'était un pays où les syndicats étaient puissants et où les entreprises n'osaient pas trop abuser des travailleurs.

Pour résumer, la France était le genre de pays où nous vivions jadis.

Mais tout ça, c'est fini, et cette France-là n'existe plus.

La décision de Michelin de punir ses salariés pour leur contribution à la prospérité de leur entreprise, une des plus riches du monde, peut être interprétée comme un tournant majeur : elle marque le jour où la France a décidé d'ignorer sa tradition d'équité et de décence et de déclarer la guerre à son propre peuple.

Vous ne pouvez pas savoir à quel point cette nouvelle m'a affecté. Quand je l'ai apprise, j'avais envie de monter en haut de la tour Eiffel et de pousser un grand cri d'alarme : « Françaises, Français, pour l'amour de Dieu, reprenez vos esprits ! Ne laissez pas la France devenir les États-Unis ! Sauvez votre âme ! Levez le nez de vos verres de bordeaux et de vos desserts scandaleusement riches que vous arrivez à dévorer sans devenir obèses (un véritable mystère pour nous, les Américains) et révoltez-vous contre cette folie ! C'est aujourd'hui qu'il faut agir, sinon vous allez rapidement vous retrouver scotchés devant la télé, hypnotisés par des rediffusions de shows débiles et complètement accros au base-ball ! »

Heureusement, je n'ai pas eu besoin de grimper en haut de la tour Eiffel. Un brillant producteur et distributeur de films français, Jean Labadie, m'a appelé un jour pour me dire qu'il avait acheté les droits de mon film *The Big One* et qu'il entendait le distribuer dans toute la France. *The Big One* est un documentaire sur ma tournée de promotion à travers les États-Unis du livre que vous avez sous les yeux. Il montrait que toute la propagande sur le boom économique américain était en grande partie bidon. De ville en ville, ce que je découvrais, c'est que les riches étaient devenus encore plus riches tandis que 90 % des Américains en bavaient un maximum. Et, en plus, mon film voulait être drôle.

J'ai demandé à Jean pourquoi il pensait que le public français pourrait avoir envie de se déplacer dans une salle de cinéma pour voir un film sur l'économie américaine.

« Ce n'est pas un film sur l'Amérique, m'a-t-il dit, c'est un film sur nous. » Et il m'a expliqué que ce n'était pas seulement Michelin, mais aussi d'autres entreprises françaises qui pressaient leurs salariés comme des citrons pour s'enrichir rapidement et s'en débarrassaient aussitôt qu'ils trouvaient le moyen de produire à moindre coût. D'après lui, les Français en avaient de plus en plus marre, et mon film serait très bien accueilli.

À l'invitation de Jean, je suis venu à Paris fin novembre avec ma femme pour le lancement du film. Après à peine une heure d'interviews, j'ai compris que mon documentaire n'avait guère besoin de mon aide. Tous les spectateurs de *The Big One* que j'ai rencontrés aimaient beaucoup son côté opération de guérilla contre le grand capital américain. Les discussions que j'ai eues avec les critiques et la presse française sont parmi les plus animées que j'aie jamais eues sur mon travail. Mon épouse Kathleen Glynn, productrice du film, n'en revenait pas. Bien sûr, aux États-Unis, le film n'avait pas mal marché (il avait gagné de nombreux prix et avait fait les meilleures recettes de l'année dans la catégorie documentaire), mais rien ne nous préparait à l'accueil qu'il allait recevoir en France.

La première semaine de sa diffusion, la queue à l'entrée du cinéma allait jusqu'au coin de la rue. Si vous vouliez acheter une entrée, il fallait vous y prendre une semaine à l'avance. Le public jubilait tout au long du film et, souvent, les gens applaudissaient debout à la fin de la projection. Les propriétaires des salles n'avaient jamais vu une chose pareille. Après tout, ce n'était jamais qu'un documentaire... et un documentaire américain, avec ça ! Pourquoi les gens étaient-ils prêts à consacrer une bonne partie de leur soirée à faire la queue et à se taper un film sur un livre tourné en vidéo et transformé en film ?

Et le public continuait à affluer. Pendant les vacances de Noël, les queues s'allongeaient et le film était projeté dans de nouvelles salles. En janvier, *The Big One* était diffusé dans vingt-deux villes de France. En mars, il avait dépassé les chiffres records atteints aux États-Unis, engrangeant plus de six millions de francs de recettes.

Comme je disais à ma femme : « Ça alors, il faut croire que les Français ont vraiment les boules ! »

Et tout ça a été suivi d'un déluge de messages enthousiastes sur mon mail. Des milliers de Français de tous les milieux sociaux m'écrivaient et me racontaient leurs démêlés avec leur patron, leur entreprise, ou des fonctionnaires insensibles. Et toutes ces lettres me demandaient :

« Votre livre existe-t-il en français ? »

Eh bien, voilà, grâce à cette excellente maison d'édition qu'est La Découverte, mon livre existe en français. Je suis fier et je me sens honoré qu'il soit publié en France. Mon père était un ouvrier de l'industrie automobile. Je n'ai pas de diplômes universitaires. Vous n'aurez pas souvent l'occasion d'entendre l'opinion d'un Américain dans mon genre. J'ai donc beaucoup de chance de pouvoir ainsi vous communiquer ce qui me tient à cœur.

La première fois que je suis venu en France, c'était pendant mon adolescence, en 1975, avec un sac à dos. Je me souviens à quel point je fus séduit par le niveau de conscience et la passion pour la politique des gens que je rencontrais. J'y suis retourné plusieurs fois, pour le lancement de mon documentaire *Roger et Moi* en 1990 et pour la présentation à Cannes de mon premier film de fiction, *Canadian Bacon*, en 1995. Je suis encore sous le choc de l'accueil qu'a reçu *The Big One*, et j'en suis profondément reconnaissant au public français.

Et je suis très heureux de vous présenter ce livre de réflexions politiques et d'humour, en espérant que vous allez bien vous marrer et que, après ça, vous allez mettre un beau bordel.

Ne laissez pas la France ressembler au pays injuste et perfide que sont devenus les États-Unis, où trente-cinq millions de citoyens vivent dans une pauvreté abjecte et quarante-cinq millions sont totalement dépourvus de couverture sociale. Les drapeaux de nos deux pays contiennent les mêmes couleurs. Faites tout ce qui est en votre pouvoir pour que la ressemblance s'arrête là.

Michael Moore
New York City,
avril 2000

Mode d'emploi et précautions à l'usage des parents

D'après le gouvernement américain, nous sommes en train de vivre la période de croissance la plus longue depuis une génération. Chaque semaine, Wall Street bat un nouveau record sur un marché qui est sans conteste le plus exubérant du siècle. Le taux de chômage est le plus bas depuis vingt-cinq ans. Les profits des entreprises atteignent des sommets jamais atteints. Aux États-Unis, tout va donc pour le mieux dans le meilleur des mondes.

Ce qui explique sans doute pourquoi un enfant américain sur quatre vit dans la pauvreté, pourquoi un nombre record d'Américains se sont déclarés en faillite en 1996, pourquoi le revenu réel stagne depuis près de vingt ans, et pourquoi le nombre de salariés qui ont peur d'être licenciés a *doublé* depuis 1991, d'après un sondage récent commandé par la Réserve fédérale.

Le fait est que 40 % de la richesse du pays appartiennent désormais à 1 % de la population. Cette minorité de superriches a su profiter de ses ressources pour subventionner les démocrates et les républicains, lesquels le leur ont bien rendu : abattements d'impôts, milliards de dollars d'aide aux entreprises et carte blanche pour licencier des millions d'Américains.

En attendant, la majorité d'entre vous vit sur trois

MasterCards bloquées. Votre journée de travail est si longue que, avec de la chance, vous pouvez voir vos enfants une petite demi-heure avant qu'ils aillent se coucher. Votre couverture sociale se réduit à une assurance bidon auprès d'une HMO◇[1]. L'école de vos enfants est un désastre, vu que les autorités locales se ruinent à vouloir convaincre les entreprises de rester sur place en leur faisant cadeau de leurs impôts (de toute façon, elles s'en iront un jour, mais seulement après avoir saigné la région à blanc).

J'ai écrit ce livre pour tous les citoyens américains que leur expérience quotidienne amène à soupçonner que tous ces beaux discours sur le « grand miracle économique » sont la plus formidable opération de propagande dont ils sont victimes depuis que Reagan a essayé de faire passer le ketchup pour un légume frais. Est-ce qu'ils nous prennent vraiment pour des crétins ? Apparemment, oui. Si j'ai écrit ce livre, c'est essentiellement pour démontrer que je ne suis pas tout à fait aussi crétin (si on veut bien fermer les yeux sur les petits problèmes de grammaire qui apparaissent ici et là dans mon texte).

À l'époque où j'écrivais ce livre, il ne se passait pas une semaine sans qu'une grande entreprise annonce des licenciements en masse. Et puis il y a eu un retour de manivelle, et une vague humeur anticapitaliste a commencé à se répandre dans tout le pays (souvenez-vous des photos patibulaires de P-DG publiées dans *Newsweek* avec la légende « Des patrons tueurs ? »). Les poids lourds du *business* se sont vite ressaisis. Ils ont laissé tomber les annonces officielles de dégraissages massifs et ont commencé à virer les gens en douce, à l'usure ou par petites doses, pour ne pas faire de vagues.

J'ai quand même compté les vaguelettes. Si vous voulez connaître quelques-unes des entreprises qui ont

1. Ce signe [◇] renvoie au *Glossaire* en fin d'ouvrage.

viré des salariés au cours de l'année 1996 qui a suivi la publication de mon livre aux États-Unis, voilà les noms : Monsanto, Texas Instruments, Tele-Communications International, Inc., NEC, AOL, Sunbeam, Westinghouse, OshKosh B'Gosh, Goodyear, Samsonite, Polaroid, US Robotics, Teledyne Water Pik, Texaco, Best Products, Motorola, Office Depot, Union Pacific, Kiwi International Airlines, TRW, Turner Broadcasting, Bank of America, Georgia Pacific, First Boston, Frankenmuth Brewery, Digital Equipment, Honeywell, RJR Nabisco, Aetna, NationBank Corp., Chase Manhattan Bank, Hewlett Packard, Fruit of the Loom, General Electric, Alcoa, Hasbro, US West, Raytheon, Prudential Insurance, Campbell Soup, Southern Pacific, Bradlees, Electric Boat, Whirlpool, NordicTrack, Kmart, Lockheed Martin, Apple Computer, Sizzler, Wells Fargo, McDonnell Douglas, Wm. Wrigley Jr. Co.

Vous n'avez sans doute pas entendu parler de ces licenciements. S'ils sont passés comme une lettre à la poste, c'est que la presse les a pratiquement ignorés. Les médias ont viré leur cuti, et on ne compte plus les articles et les reportages sur la « fin des licenciements », la « prospérité économique » et le bonheur dans lequel nous baignons tous. À part les millions de chômeurs qui ne sont même plus comptabilisés parce qu'ils ont épuisé leurs droits à l'aide sociale et les millions de salariés qui sont forcés de cumuler deux emplois pour pouvoir payer leurs factures. Et à part le fait que le nombre des licenciements a en fait *augmenté* de 8 % en 1996.

Bien que son diagnostic s'appuie sur la situation du milieu des années quatre-vingt-dix, la morale de ce livre, je l'espère, n'est pas limitée par les variations des indicateurs économiques annuels. Ça bouge méchamment du côté du grand capital, et si ça bouge, ce n'est certainement pas pour vous rendre la vie plus facile ou plus heureuse. Il faut croire que vous êtes déjà des millions à vous en douter, vu le succès de l'édition cartonnée. Au moment où j'écris, elle en est à son huitième tirage. Le livre est resté un mois sur la liste des meilleures ventes du *New York Times* et cinq mois sur celle des meilleurs livres d'entreprise du *Times*. Il a été numéro un à San Francisco et à Detroit, numéro deux à Boston et numéro quatre à Washington. Il a même fait un tabac en Grande-Bretagne. À mon avis, l'opinion est beaucoup plus avancée que les médias et les politiciens sur toutes ces questions.

J'ai mis à jour un certain nombre de données pour l'édition de poche américaine, et ajouté quelques coups de gueule intempestifs supplémentaires, mais la plupart des faits correspondent au matériau utilisé en 1996. Les chefs d'entreprise passent, les chiffres varient avec les saisons, mais la substance de leur signification, ainsi que celle de mes commentaires, n'a pas changé.

Tant que nous vivrons en démocratie, mon espoir reposera sur une vérité fondamentale : le P-DG d'Exxon dispose du même nombre de voix que vous et moi, à savoir une seule. Mais nous sommes beaucoup plus nombreux que lui.

Michael Moore
Août 1997

1

Petit manuel du savoir-licencier

Réalisé à partir de divers documents internes d'entreprises opérant des réductions d'effectifs, dont, entre autres, la Chemical Bank et Times-Mirror Company.

Comment remercier un salarié

1. L'entretien de licenciement ne devrait pas durer plus de cinq à dix minutes.
2. Il vaut mieux qu'il ait lieu dans un espace neutre, facilement accessible aux services de sécurité.
3. Ne perdez pas de temps en propos anodins. Allez droit au fait. Ne vous engagez pas dans un grand débat et évitez toute discussion sur la justice ou l'injustice de la mesure de licenciement.
4. Le salarié licencié doit comprendre sans

ambiguïté qu'il est viré et que c'est là son dernier jour de travail.

5. Prévoyez des Kleenex.
6. Soyez compatissant, mais ne vous engagez pas trop. Sachez vous taire pour laisser au salarié le temps de réagir.
7. Ne vous montrez pas sur la défensive, vous n'avez pas d'excuses à donner.
8. Inutile de justifier en long et en large la mesure de licenciement.
9. N'essayez pas de détendre l'atmosphère en faisant de l'humour ou en racontant des blagues.
10. Restez calme, et essayez de ne trahir aucune émotion.
11. Si le salarié perd son sang-froid, suggérez-lui de consulter un thérapeute. Il pourra être nécessaire de répéter l'annonce de licenciement pour être certain que le salarié a compris qu'il s'agit d'une mesure définitive qui a été décidée au plus haut niveau pour le bien de l'entreprise.
12. Nous décrivons ci-dessous les quatre types les plus courants de réaction émotionnelle des salariés à l'annonce de leur licenciement, ainsi que la meilleure façon de les gérer :

    COLÈRE. Plus le salarié licencié élève la voix, plus vous devez vous exprimer avec calme. Il faut diluer son agressivité : le salarié ne peut pas polémiquer tout seul.

    DÉNÉGATION. Ce n'est pas parce que vous dites à quelqu'un qu'il est viré qu'il vous entend ou vous croit vraiment. Votre rôle est d'aider le salarié à réaliser qu'il est temps qu'il se prenne en charge.

DÉPRESSION. Face à ce type de réaction, tirez aussitôt le signal d'alarme. Confiez le salarié à un psychologue d'entreprise.

HYSTÉRIE. À l'annonce de son licenciement, le salarié peut entrer en crise. Cela concerne tout autant les hommes que les femmes. Prévoyez un verre d'eau au cas où le salarié se mettrait à pleurer.

13. Si le salarié licencié vous demande un entretien supplémentaire ou vous interroge sur le montant de ses indemnités, c'est bon signe. Il a digéré la nouvelle et commence à penser à son avenir.
14. Les symptômes suivants peuvent indiquer le risque que le salarié se livre à un accès de violence : il exprime des pensées bizarres ou inattendues ; il est obsédé par les armes ; il est amoureux ; il déprime ; il est drogué.
15. Demandez au salarié de vous remettre toutes les clés et autres objets appartenant à l'entreprise dont il serait en possession. Contrôlez l'accès aux ordinateurs.
16. Contactez immédiatement la sécurité au cas où vous auriez besoin d'aide pour escorter le salarié licencié hors des locaux de l'entreprise.
17. Faites connaître au salarié licencié les numéros de téléphone des services qui pourraient lui être utiles : agences de travail temporaire, programmes gouvernementaux d'aide aux chômeurs, offres d'emplois dans d'autres États, ainsi que ceux d'entreprises de déménagement comme U-Haul ou Ryder Truck.

2

Vive les déménagements !

Depuis que j'ai tourné le film *Roger et Moi* en 1989, je rencontre sans arrêt dans la rue des gens qui veulent me payer une bière ou un burger et en profitent pour me raconter l'histoire du naufrage de leur rêve américain. *Roger et Moi* raconte comment une des entreprises les plus riches du monde, General Motors, a détruit ma ville natale, Flint, dans le Michigan, en licenciant trente mille travailleurs au moment même où elle faisait des profits records. J'y ai filmé mes aventures à la recherche de Roger Smith, le P-DG de General Motors, que je voulais convaincre de visiter Flint pour se rendre compte de ce qu'il avait fait à ses habitants.

Roger n'est jamais venu à Flint, mais apparemment, pas mal d'autres gens ont fait le voyage. En fait, par les temps qui courent, on dirait que tout le monde habite sa propre version de Flint.

Les histoires qu'on me raconte se ressemblent beaucoup entre elles, avec quelques variantes concernant par exemple un frère poussé au suicide par son licenciement, ou une mère qui perd toutes ses économies à cause de la faillite d'un fonds de pension. J'en ai entendu tellement que je peux finir les phrases. Si j'écoute les récits de tous ces gens, c'est pour éviter de sombrer dans un désespoir encore plus grand.

Ce n'est pas drôle de croiser un SDF en train de pousser son caddie et de constater qu'il vous connaît et qu'il vous appelle par votre nom : « Hey, Mike ! » C'est ce qui m'est arrivé sur la 46e rue à New York, en face de l'hôtel Paramount. J'étais avec le vice-président de NBC et les producteurs de mon programme *TV Nation*. Le SDF me serra la main et me dit qu'il était de Flint, lui aussi, mais que maintenant il vivait ici, dans la rue.

Il voulait me décrire ce qui était à son avis la meilleure scène de *Roger et Moi* ; il avait vu le film trois ans auparavant, quand il avait encore un boulot. Le ponte de NBC n'en croyait pas ses yeux, et moi, je me disais... mais je connais ce type !

« Vous vous souvenez de moi, pas vrai ? C'est moi qui vous livrais le journal, le *Flint Voice*. »

Pourquoi lui, pourquoi en était-il réduit à cet état ? Pourquoi pas moi ? Grâce à la générosité de Warner Bros et de NBC ? Je vidai mes poches et lui donnai tout ce que j'avais sur moi. L'abandonnant à la rue, nous entrâmes dans le restaurant. Je m'offris un steak à trente dollars, l'encravaté de NBC se contenta d'une salade. Mon pote de Flint était sans doute déjà en train de s'envoyer une bouteille de Colt 45, marque d'alcool tout à fait appropriée à la circonstance.

J'écris ce chapitre dans un avion à destination de Ames, dans l'Iowa, où je dois m'adresser à un groupe d'étudiants et d'agriculteurs qui, comme tous les gens que je rencontre dans la rue, oscillent entre la colère et la dépression : l'Amérique en laquelle ils croyaient tant les a laissés en plan. À mon arrivée, la salle est archipleine. Et, encore une fois, ce sont les mêmes histoires de rêves trahis, la même douloureuse perplexité et, comme toujours, la Grande Question. On travaille dur pendant de longues années, on respecte les règles du jeu, on vote républicain et, à la fin, voilà comment on est récompensé : faillite, saisie, divorce et chute dans l'alcoolisme. Mais pourquoi ?

Assis dans les coulisses, tout en écoutant le discours d'introduction, je pense aux illusions de mon enfance, quand, moi aussi, je croyais que tout le monde pouvait se faire une vie décente aux États-Unis. J'étais un parfait petit Américain, membre d'une patrouille d'éclaireurs et inscrit aux concours de tir de la NRA◊. J'étais aussi très catholique, et je suivais les cours de l'aumônerie du lycée pour être prêtre. Je respectais toutes les règles (je n'ai encore jamais fumé un joint) et acceptais totalement notre système politique (à dix-huit ans, j'étais élu pour la première fois à une charge publique locale). Jusqu'en 1990, je n'avais jamais gagné plus de 17 000 dollars par an. J'ai été chômeur au moins trois fois et, au moment de tourner *Roger et Moi*, je vivais sur une allocation de 98 dollars par semaine.

Mais, après des années de galère où je gagnais à peine de quoi aller au cinéma, voilà que j'avais la chance de pouvoir faire moi-même mon propre cinéma. C'est un véritable privilège que de pouvoir communiquer avec tant de gens. Mais, ce soir, je n'arrive pas à oublier deux rencontres que j'ai faites en venant à Ames.

D'abord, il y a eu Bill – c'était écrit sur son badge d'identification –, sous le grand logo de Delta Airlines (« Un vol que vous n'oublierez pas »), derrière le comptoir. Il a pris mon billct, déchiffré mon nom, m'a dévisagé (avec un de ces regards qui veut dire : « Vous avez l'air moins gros à la télé ») et m'a adressé un sourire.

« Ça fait trois fois que je vois votre film », m'a-t-il dit en rougissant, comme si j'étais une star d'Hollywood. « Je tiens à vous remercier pour ce que vous avez fait. »

Je l'ai remercié pour ses remerciements, et il m'a raconté son histoire.

« J'ai cinquante ans. Ça fait vingt et un ans que je travaille chez Delta. Il y a deux ans, ils ont annoncé des réductions d'effectifs et ils m'ont dit que j'étais licencié. Ça m'a fait un choc. Vous imaginez, presque vingt ans dans la même boîte, où est-ce que j'allais trouver du boulot à cinquante ans ? Ils nous ont dit qu'ils allaient nous remplacer par des travailleurs temporaires. On pouvait postuler si on voulait, on gagnerait deux fois moins pour faire le même boulot. C'était trop pour moi. »

« Et vous en êtes à combien de comprimés ? »

« Six trucs différents : Prozac, Xanax, Pepcid, Lasix, et de la Clonidine pour ma tension… » Il avait saisi l'allusion au vol.

« … et pour dormir la nuit ? »

« De l'Ambien, mais comment vous avez deviné ? »

« L'expérience. Quand je rencontre des gens qui ont perdu leur travail, ils me montrent leur boîte à médicaments, vous savez, ces trucs avec un petit compartiment pour chaque jour de la semaine ou… »

« … ou un compartiment de couleur différente pour chaque type de pilule. » Et, tout en finissant ma phrase, il sortait sa petite boîte à pharmacie.

J'hésitais un peu à poser sérieusement la question suivante : « Et vous êtes de service sur mon vol ? »

Il m'a expliqué qu'il avait retrouvé son poste pour la seule raison qu'un autre salarié était mort et qu'il était prioritaire sur la liste d'ancienneté. Faisant un effort pour montrer un peu de fierté, il ajouta : « Je ne prends plus que trois cachets par jour, ça va dans le bon sens. »

Le chauffeur de taxi qui m'avait conduit à l'aéroport avait vu *Roger et Moi*, lui aussi.

« Eh, je vous reconnais, vous êtes Roger Moore », dit-il en tournant la tête vers moi.

« Exact. » Je ne sais pas trop si ça vaut la peine de lui expliquer que je m'appelle Michael. Michael Moore, fils de Frank et Veronica Moore, frère de Anne et Veronica, rien à voir avec James Bond.

« J'ai deux masters. J'ai perdu deux fois mon boulot en cinq ans. Trop diplômé pour les patrons. Alors, je fais taxi. »

« Moi, j'étais censé rester à Flint et fabriquer des Buick, mais j'ai démissionné le jour même de l'embauche, il y a longtemps de ça. »

Il me lança un coup d'œil à travers le rétroviseur,

probablement satisfait que ce ne soit pas moi qui aie fabriqué *sa* Buick.

« Je voudrais vous poser une question, monsieur Moore. Est-ce que vous pouvez m'expliquer pourquoi Al D'Amato◊ et le reste du Congrès ont passé DEUX ANS et dépensé DIX MILLIONS DE DOLLARS pour enquêter sur les causes du licenciement de SEPT employés – sept types, vous pouvez croire ça ? – du service des voyages présidentiels de la Maison-Blanche, alors qu'on n'a pas consacré un cent ni une journée de travail à savoir où sont passés les emplois de TRENTE MILLIONS d'Américains ? VOUS POUVEZ M'EXPLIQUER ÇA ? »

« Je crois avoir une ou deux idées là-dessus. » Mais il ne me laissa pas le temps de m'étendre sur le sujet.

« Eh ben, je vais vous l'expliquer, monsieur Moore. La vérité, c'est que les gros richards qui éliminent nos emplois sont les mêmes qui paient ces politicards pour nous distraire avec des scandales bidons genre Whitewater◊. Y a pas besoin d'être un grand génie pour comprendre ça. »

Il y a vraiment quelque chose qui cloche, non ? À l'heure actuelle, le salaire réel des Américains est inférieur à celui de 1979. Il y a des millions de chômeurs officiels, très exactement 7 266 000, mais le Bureau des statistiques de l'emploi et le Bureau des recensements estiment le nombre des chômeurs *non comptabilisés* à 5 378 000. À quoi il faut ajouter 4 500 000 travailleurs à temps *partiel* qui aimeraient bien avoir un temps complet. Et les 2 520 000 Américains qui, eux, travaillent à plein temps, mais pour un salaire qui les maintient *au-dessous du seuil de pauvreté*.

Ça nous fait près de vingt millions de personnes qui n'arrivent pas à atteindre le minimum vital.

À côté de ça, les P-DG des premières trois cents entreprises américaines gagnent 212 fois plus que le salarié moyen. Et plus ils virent de travailleurs, plus ils s'enrichissent. Le P-DG de AT&T, qui a licencié quarante mille salariés, gagne seize millions de dollars. Louis Gerstner, de IBM, vire soixante mille personnes et empoche un magot de 2,6 millions de dollars. L'entreprise Scott Paper met à la rue onze mille travailleurs, fusionne avec Kimberley Clark, et son P-DG se fait cent millions de dollars dans la foulée !

Et toutes ces boîtes continuent à afficher des profits de plus en plus juteux. Mais comment célèbrent-elles leur succès ? En virant encore plus de gens ! General Motors a fait trente-quatre milliards de dollars de bénéfices au cours des quinze dernières années, et elle a éliminé plus de deux cent quarante mille emplois.

Et, avec chaque vague de licenciements, les problèmes de société que nous devons affronter s'aggravent. D'après une étude faite par des économistes de l'université de l'Utah, chaque fois que le taux de chômage augmente de 1 %, les homicides augmentent de 6,7 %, les agressions criminelles de 3,4 %, les atteintes à la propriété privée de 2,4 % et les décès pour cause de crise cardiaque ou d'apoplexie de 5,6 % et 3,1 % respectivement.

Washington peut toujours nous peindre la situation en rose (« les taux de chômage et d'inflation les plus bas depuis des années ! »), les Américains *savent* que la fête est finie. Plus personne ne sait à quoi ressemblait la sécurité de l'emploi, parce que tout le monde vit dans la crainte d'être le prochain sur la liste noire. Personne n'est en sécurité. Alors on apprend à accepter en silence de travailler plus longtemps pour moins d'argent. Quant à parler de couverture sociale ou de congés payés, mieux vaut ne plus y songer.

Le Rêve américain, ça vous rappelle quelque chose ? Pour ceux qui sont trop jeunes pour l'avoir connu, voilà à peu près ce que ça donnait : « Vous bossez dur, votre entreprise prospère, et vous prospérez avec elle. »

Ce fameux rêve s'est envolé. À la place, on a le Cauchemar américain : « Vous bossez dur, votre entreprise prospère, et vous perdez votre boulot ! »

Il n'y a pas de symbole plus parlant de la situation actuelle des États-Unis que ce simple fait : Manpower, la grande agence de travail temporaire, est désormais le plus gros employeur du pays devant General Motors. Ce qui veut dire qu'il y a plus de gens qui bossent pour un établissement qui vous offre du travail à la journée que pour la plus puissante entreprise industrielle du monde, celle-là même dont le slogan proclamait jadis : « Ce qui est bon pour General Motors est bon pour le pays. »

Mais nous savons tous que c'est fini, nous ne vivrons plus jamais comme avant, la valeur d'une bonne journée de travail n'est plus ce qu'elle était. Désormais, il nous faut nous battre entre nous pour ramasser les miettes, et les riches sont les seuls à bénéficier d'un niveau de prospérité national sans précédent.

Vu le tableau que je viens de dépeindre, on pourrait croire que le pays est au bord d'une révolte sanglante contre l'insolence des privilégiés. On pourrait imaginer un vaste mouvement d'organisation politique de la classe moyenne et des travailleurs les plus défavorisés. On pourrait penser que de nouveaux partis politiques se formeraient pour mettre fin à la destruction du Rêve américain.

On pourrait le penser, mais on aurait tort. La majorité des Américains a décidé que le mieux à faire, c'était de ne rien faire et ne rien dire. Aux élections de 1994, plus de 60 % des Américains en âge de voter – 118 535 278 personnes, soit l'équivalent de la population électorale de quarante-deux États – ont préféré rester chez eux. Je ne crois pas qu'on puisse attribuer leur choix de non-participation à une forme d'apathie, d'ignorance ou d'indifférence. S'ils n'ont pas voté, c'est qu'ils en avaient plein les bottes. Les candidats, qu'ils soient démocrates ou républicains, n'ont plus rien à dire aux citoyens de ce pays. D'ailleurs, plus rien ne distingue ces deux partis, et tous deux défendent avec un telle docilité le système qui a mené à la ruine tant de familles américaines que le simple citoyen n'a cure de leurs discours. Il sait que son vote ne changera absolument rien à sa vie quotidienne.

N'oublions pas non plus qu'en 1992 près de 20 % des votants ont pris la peine de se déplacer et de glisser leur bulletin dans l'urne en faveur d'un candidat dont la plupart savaient pertinemment qu'il était complètement frappé : Ross Perot◊. Ça nous donne une indication sur le niveau de colère et de frustration qui règne dans ce pays. Des millions de gens qui gaspillent leur vote dans le seul but d'envoyer un message ! Aussi cinglé qu'il soit, le milliardaire Ross Perot n'hésitait pas à parler des problèmes des travailleurs américains comme personne n'ose le faire, en particulier Bill Clinton, un homme pourtant élevé par une mère abandonnée et qui connaît la pauvreté.

Plus surprenant encore, en 1996, une majorité d'Américains ont déclaré qu'ils n'hésiteraient pas à élire un Noir, le général Colin Powell◊, président des États-Unis si l'occasion leur en était donnée. Si un aussi grand nombre d'Américains victimes de la crise sont capables de dépasser leur propre racisme dans le seul but d'envoyer un message et d'exprimer leur colère, c'est qu'il y a vraiment quelque chose qui ne tourne pas rond aux États-Unis. Vous auriez pu imaginer que les choses se dégraderaient au point de voir venir le jour où une majorité d'électeurs blancs seraient prêts à choisir un *Noir* comme président ? Un type qu'ils ne supporteraient pas d'avoir comme voisin ou encore moins comme gendre, mais auquel ils seraient prêts à confier les plus hautes fonctions de l'État ! Bigre !

Chez moi, dans le Michigan, les choses vont tellement mal que seulement *12 %* des électeurs se sont déplacés lors des primaires de mars 1996, malgré la férocité de la compétition entre Bob Dole◊ et Pat Buchanan◊. Buchanan était fort bien placé pour savoir à quel point les choses allaient mal dans le pays, ne serait-ce que parce que, en tant que membre des administrations Nixon et Reagan, il avait passé une bonne partie de sa vie à les faire empirer. Mais voilà qu'il s'était métamorphosé du jour au lendemain en Grand Espoir du Travailleur Blanc. Tout comme un de ses prédécesseurs d'il y a soixante ans (sauf que c'était en Allemagne), Buchanan savait comment parler au travailleur américain frustré et trompé : HAINE ! PEUR ! PLUS DE HAINE ! C'EST LA FAUTE AUX IMMIGRÉS !

Et il a failli réussir son coup en rassemblant près d'un tiers des voix républicaines et en l'emportant même dans quelques États. Si le peuple américain ne s'est finalement pas laissé embobiner par ses manigances, ça prouve bien qu'il a un bon fond. Il est très facile de manipuler les gens quand ils sont désemparés et de leur laver le cerveau en leur injectant toutes les « bonnes » réponses à la question clé : « Qui est coupable de votre triste sort ? »

Mais il y a aussi un grand nombre de citoyens qui ne se contentent pas de contempler passivement le naufrage de leur pays. En octobre 1995, un million d'Afro-Américains ont marché sur Washington pour faire connaître leur ras-le-bol à l'Amérique entière. Ils se fichaient pas mal de savoir que leur marche était convoquée par un cinglé comme Louis Farrakhan◊. L'important était de *témoigner*. Et ils ont répondu à l'appel : c'est un homme noir sur dix qui a fait l'effort de se rendre à Washington ce jour-là (l'équivalent de huit millions de Blancs). Et l'Amérique blanche, déjà passablement effrayée, n'a pas manqué d'en être sacrément impressionnée.

Pour savoir à quel point l'Amérique blanche a peur, il suffit d'observer la croissance du mouvement des milices. Ce sont des dizaines de milliers d'hommes et de femmes qui s'entraînent à l'usage des armes, prêts à se lancer dans ce qu'ils interprètent comme une ultime bataille contre l'État. S'il est vrai que nombre d'entre eux sont mus par des préjugés racistes, bon nombre de leurs sympathisants sont de braves types qui pourraient être vos voisins. Sauf que la banque a fait saisir leur maison et leur voiture, et le petit pécule qu'ils avaient mis de côté pour payer l'université à leurs enfants leur sert désormais à acheter un peu de nourriture, un peu de vêtements et, demain peut-être, quelques armes automatiques. En somme, ils ont pété les plombs. C'est une chose que d'avoir toujours vécu dans la pauvreté sans jamais connaître les agréments de la classe moyenne. C'en est une autre que d'avoir bénéficié de ces privilèges et de s'en voir priver par ceux-là mêmes pour lesquels vous avez voté !

Quand ce genre de truc arrive, tous les pauvres types qui sont déjà à cran et n'ont pas la moindre conception d'une alternative politique ont deux façons de réagir : soit *a)* ils s'en prennent à eux-mêmes (alcool et dépression), soit *b)* ils s'en prennent à *vous*. Dans le Michigan, qui est un peu le berceau du dégraissage massif, il y a plus de cinquante groupes miliciens. C'est le record national.

Mes parents m'ont appelé hier pour me dire que General Motors avait annoncé deux fermetures d'usines supplémentaires à Flint (il en restait encore ?). Trois mille vies saccagées de plus.

Certains des nouveaux licenciés sont fraîchement débarqués de l'Oklahoma. Ils sont venus dans le Michigan (quelques mois après l'attentat de Timothy McVeigh◊) quand General Motors a commencé à réduire les effectifs de son usine d'Oklahoma City et a proposé aux plus anciens de venir travailler à Flint s'ils le souhaitaient. Ils ont donc loué une camionnette chez Ryder Truck et ont fait route vers Flint, avec la promesse d'un emploi garanti par General Motors. Neuf mois plus tard, ils vont devoir appeler encore une fois Ryder Truck et faire leurs valises. Cette fois, on leur a dit d'aller à Lansing.

Qu'est-ce que le terrorisme ? Il n'y a aucun doute que, quand un type loue une camionnette chez Ryder

Truck, la bourre d'explosifs et la lance contre un immeuble, il s'agit d'un acte de terrorisme qui devrait être sévèrement puni.

Mais quand une *entreprise* détruit la vie de milliers de personnes, comment vous appelez ça ? Du terrorisme ? Du terrorisme *économique*, peut-être ? L'entreprise en question n'a pas besoin de fabriquer une bombe ou de brandir une arme. Elle se contente de vider poliment tous les travailleurs avant que ce soient eux qui fassent sauter la baraque. Mais, quand je passe devant les restes de cette usine, à Flint, qui ressemblent étrangement à ceux du bâtiment administratif victime de l'attentat d'Oklahoma City, je m'interroge : qu'est-ce que tous ces gens vont devenir ? Traumatisés par la disparition de leur gagne-pain, certains d'entre eux se suicideront. D'autres seront tués par leur conjoint – ça commence par une scène pour une offre d'emploi ratée ou pour un peu d'argent perdu aux courses, et tout d'un coup ça tourne mal, très mal (en général c'est la femme qui le paye de sa vie). D'autres, encore, mourront à petit feu, victimes de la drogue ou de l'alcool, qui passent pour les meilleurs moyens de lutter contre la douleur d'une existence bouleversée, d'une vie précipitée dans un trou noir.

Nous n'accuserons pas ladite entreprise de meurtre, encore moins de terrorisme, mais, ne vous y trompez pas, ses victimes seront tout aussi mortes que ces pauvres gens d'Oklahoma City, sauf qu'elles seront tombées sur l'autel du profit.

Une colère sourde est en train de s'accumuler à travers le pays, et, si vous êtes comme moi, il y a de quoi avoir les jetons. L'attentat d'Oklahoma City n'est que l'expression extrême de cette colère. Certes, la plupart des gens sont capables de garder la tête froide malgré la crise, mais il y a sans doute des milliers d'Américains qui ne sont pas loin de vouloir eux aussi faire leur petite promenade mortelle avec Ryder Truck. Il y a une terrible ironie dans le fait que le véhicule choisi par les terroristes soit le même qui a servi à transporter l'immense diaspora des travailleurs américains ayant passé les dix dernières années à déménager d'État en État dans l'espoir de s'en tirer.

Le symbole de leur vie « dégraissée », une camionnette de déménagement, est devenu une arme tendue vers sa cible. Et, dans cette bonne vieille camionnette, au lieu des lits superposés des gosses et de la salle à manger, mettez quarante kilos de fertilisant et ajoutez un peu de carburant et de nitrate d'ammonium pour amorcer le tout.

Timothy McVeigh n'arrivait pas à trouver un boulot potable à Buffalo, alors il est entré dans l'armée. Il a été le premier de son unité à « faire mouche » en Irak, pendant la guerre du Golfe. Pour cette première cible touchée, cette première victime humaine, il a reçu une médaille. Un premier meurtre avec la bénédiction de l'Oncle Sam et au profit des compagnies pétrolières.

L'année suivante il était au chômage, et il traînait aux environs de Niagara Falls. Une photo largement diffusée le montre jouant les durs au bord des chutes avec son coaccusé Terry Nichols. J'étais à Niagara Falls à la même époque, pour écrire le scénario et faire les repérages de *Canadian Bacon*. Bien entendu, je n'ai aucun souvenir d'y avoir vu McVeigh, qui n'était alors qu'un illustre inconnu. Rien qu'un fils d'ouvrier de chez General Motors, un de plus, en train de perdre son temps à chercher un boulot. Il avait même essayé de travailler au péage du pont frontalier : deuxième au test d'embauche, mais pas de place disponible. Dans la première scène que j'ai tournée quelques mois plus tard à Niagara Falls, le personnage baptisé « Roy Boy » est un ouvrier licencié (lui aussi un vétéran de la guerre du Golfe), debout au même endroit, au bord du vide, prêt à faire le grand saut pour en finir.

McVeigh et Nichols s'étaient rencontrés dans l'armée. Le jour où Nichols a décidé de s'enrôler, il a traversé en voiture le centre de Flint, devenu une espèce de ville fantôme. Il est entré dans le bureau de recrutement et il a signé pour une vie meilleure – meilleure que tout ce que Flint pouvait lui offrir.

Après la guerre (et après avoir rapidement laissé tomber leurs tentatives de trouver un boulot dans la région de Niagara Falls), McVeigh et Nichols sont allés vivre dans la ferme du frère de Nichols, à une heure de route au nord-est de Flint. Ils ont participé aux réunions de la milice du Michigan. Ils ont fait exploser des « trucs » dans leur jardin. Ça ne m'étonne pas qu'ils se soient retrouvés sur la route qui mène de Flint, Michigan, à Oklahoma City, Oklahoma.

D'où viennent la confusion et l'immense colère qui ont aveuglé Timothy McVeigh ? Le plus frappant, dans son passage à l'acte, c'est la décision de massacrer des *gens qui lui ressemblaient* pour faire entendre son message. Drôle de choix pour une extrême droite qui a toujours choisi ses cibles parmi les Noirs, les Juifs et les immigrants. Mais McVeigh n'est pas accusé d'avoir loué une camionnette chez Ryder Truck pour la lancer contre le repaire de ses « ennemis » – le Capitole, le World Trade Center, le siège de la NAACP, ou une autre cible potentielle de sa haine. Non, ceux qu'il a envoyés en l'air, ce sont ses congénères, les citoyens d'Oklahoma City, une majorité dc beaufs blancs, chrétiens et républicains ! Vous ne trouvez pas ça complètement dingue ?

Je n'aime pas les armes. Je suis profondément non violent. En tant que membre de la minorité de citoyens américains non possesseurs d'armes à feu, j'essaie de trouver ma propre manière de combattre la vague de licenciements qui semble vouloir nous engloutir. Alors j'ai écrit ce livre. Je n'ai pas de diplômes universitaires, que ceux qui me lisent en tiennent compte. Je ne suis même pas censé être en train de rédiger ce bouquin, parce que je suis sous contrat pour produire une série télévisée que je dois écrire pour la Fox. Une sitcom ! Mon Dieu, mais qu'est-ce que j'ai fait de ma vie ? Et dire que je dois encore une dissertation sur Shakespeare à M. Ricketts, mon prof d'anglais de terminale ! Moi, un gars de Flint, comment j'ai pu en arriver là ?

Ah oui, je me rappelle. J'ai loué une camionnette chez Ryder Truck.

3

« Ne votez pas, ça les encourage à continuer »

La principale raison pour laquelle les Américains ne votent pas, c'est peut-être qu'ils en ont marre d'avoir à choisir entre blanc bonnet et bonnet blanc. Ça en devient parfois presque pathétique. Si vous allez au restaurant et que le serveur vous dit : « Excusez-moi, mais tout ce qu'il nous reste au menu, c'est du fromage blanc et du pain grillé », vous quittez la table et vous sortez. Ça ne veut pas dire que vous n'avez pas faim, et personne n'osera vous accuser d'agir ainsi par inconscience, paresse ou indifférence. En fait, imaginez que ce soit le seul restaurant de la ville : vous seriez désespérément désireux de trouver un endroit qui vous serve vos plats préférés.

Le système politique américain est comme ce restaurant. La plupart des citoyens ne votent pas, non parce qu'ils n'ont pas faim de démocratie, mais parce qu'ils ont pu constater qu'il n'y avait rien au menu. Comme il est pratiquement impossible à un troisième parti d'accéder aux urnes ou d'attirer l'attention des médias, les électeurs n'ont pas le choix. S'ils vont voter, c'est toujours avec un vague sentiment d'inutilité. Lequel d'entre nous se dirige fièrement vers l'isoloir en pensant : « Enfin je vais pouvoir voter pour des hommes et des femmes qui défendent de grandes idées ! » ?

Non, chaque année, c'est avec la même absence d'enthousiasme que nous traversons la même salle de gym puante, dans la même école primaire. Nous n'en sommes même plus à voter pour le moindre entre deux maux, nous votons *pour le mal entre deux moindres*.

Mon copain Al m'a expliqué sa philosophie en la matière : « Ne votez pas, ça les encourage à continuer. » Combien de fois le candidat pour lequel vous avez voté a-t-il retourné sa veste et fait le contraire de ce qu'il avait promis ? Les conservateurs ont voté pour Nixon et il les a trahis en instituant la discrimination positive en faveur des Noirs et des minorités. Les progressistes ont voté pour Clinton et, à peine élu, il a éliminé la discrimination positive. On peut citer mille exemples du même acabit. C'est arrivé tellement de fois que ça explique sans doute pourquoi vous êtes si nombreux à rester chez vous le jour des élections.

En attendant, nos salaires sont gelés, notre boulot nous empêche de rentrer chez nous avant huit heures du soir, nous prions Dieu de ne pas tomber malades parce que c'est un luxe que nous ne pouvons pas nous permettre et, vu l'état de notre compte, si nous payons la facture de téléphone, nous allons encore devoir trente dollars à la banque pour frais de découvert.

Il y a certainement mieux à faire que de nous repayer tous les quatre ans les mêmes conventions fastidieuses, la même propagande électorale doucereuse, les mêmes débats télévisés à mourir d'ennui. Quand je pense que tout ce précieux temps d'antenne est consacré à une activité à laquelle plus de cent millions d'Américains *ne participent même pas* ! Dans ce pays, il y a plus de gens qui assistent à des courses de chevaux, de chiens ou d'automobiles que d'électeurs. Mais vous ne verrez jamais une meute de lévriers pourchasser un petit lapin aux heures de grande écoute. J'attends toujours de voir les stars du journalisme politique commenter les courses en direct. Et pourquoi pas ? Si c'est ça que veut l'Amérique !

En tout cas, ça m'a donné une idée. Si les politiciens veulent vraiment que les élections suscitent plus d'intérêt, il faudrait peut-être que la compétition soit un peu plus crédible. On pourrait imaginer des épreuves mieux à même de tester leur ardeur au combat que les interviews vaseuses de la télévision. On pourrait remplacer les primaires et les élections générales par des compétitions présidentielles qui électriseraient les foules et impliqueraient vraiment les gens dans la campagne.

Je propose donc qu'on élimine ces élections absurdes et qu'on les remplace par de véritables combats entre les candidats, couronnés par des victoires incontestables. Ci-dessous, une liste de suggestions pour que la prochaine élection soit la plus excitante que nous ayons jamais connue.

Quelques méthodes inédites pour choisir un président

1. Course de 35 tonnes. Les deux candidats présidentiels doivent conduire à toute vitesse des super poids lourds aux roues géantes. En 1996, si Dole avait été au volant d'un monstre baptisé Bigfoot et Clinton aux commandes d'une mécanique affublée du doux nom de King-Kong, je vous garantis que ça aurait attiré des millions d'Américains. Le premier arrivé est nommé président. Une méthode simple, facile et qui règle le problème en quelques minutes.

2. Concours de magie. David Copperfield ligote solidement les deux candidats, place chacun d'entre eux dans une caisse hermétiquement close et les jette dans la baie de San Francisco. Le premier à se défaire de ses liens et à remonter à la surface s'installe dans le bureau ovale de la Maison-Blanche en janvier. Le perdant a droit à des funérailles nationales au cimetière militaire d'Arlington, y compris les vingt et un coups de canon et la flamme éternelle.

3. Baccalauréat. Les deux candidats sont dans une salle de classe pleine de lycéens et doivent repasser les principales épreuves du bac. Celui qui obtient la meilleure note a droit au salut de la garde présidentielle le 20 janvier suivant. En cas de moyenne particulièrement basse, le candidat doit s'inscrire à un cours d'alphabétisation et il lui est interdit de postuler à une quelconque fonction élective pendant au moins six ans. (On se rappelle que, pendant la présidence de George Bush, le vice-président Dan Quayle s'était montré incapable d'épeler correctement le mot « patate » devant une audience de jeunes écoliers.)

4. Test de féminisme. Chaque candidat doit choisir une femme comme candidate à la vice-présidence. Celui qui gagne les élections doit se tirer une balle dans la tête. Bon, d'accord, ce n'est pas vraiment un concours, c'est plutôt une démonstration : pour qu'une femme soit un jour présidente des États-Unis, il faudrait qu'elle passe sur le cadavre d'un homme.

5. Combat de gladiateurs englués. Les deux candidats sont prisonniers d'une paroi adhésive et doivent essayer de se décoller mutuellement à grands coups de poing dans la gueule. Quel autre pays pourrait se vanter d'organiser un pareil spectacle ?

6. Cul sec. Les deux candidats s'installent au bar et doivent avaler cul sec vingt verres de tequila (avec ou sans ver de terre). Le premier capable de réciter la Déclaration des droits de l'homme tout en maintenant le verre en équilibre sur son nez a gagné.

7. Course de taureaux. Les deux candidats sont lâchés dans les rues de Pampelune pendant les fêtes. Le premier à passer la ligne d'arrivée en possession de tous ses organes a gagné. Cette épreuve est sponsorisée par l'Association des producteurs de viande bovine.

8. Lutte à mort. Un combat de boxe française où tous les coups sont permis. Le public est encouragé à s'abstenir d'acclamer son favori pour permettre éventuellement la défaite des deux candidats.

9. Gangsta style. Munis d'armes semi-automatiques, les deux candidats font une petite visite en voiture au quartier général de campagne de leur adversaire et arrosent copieusement la façade. Le candidat dont l'équipe compte le plus de survivants a gagné.

10. Concours de connerie radiophonique. Les deux candidats doivent participer jour après jour à tous les talk-shows les plus débiles du pays. Ils sont à poil derrière le micro et décrivent en détail tous les défauts de leur adversaire. Ils font des blagues téléphoniques stupides aux filles qui ne voulaient pas sortir avec eux au lycée. Tous les matins, on sélectionne le dixième appel reçu par l'émission concernée et on demande à l'auditeur de voter. À la fin de leur tournée nationale, on fait le compte des suffrages respectifs des candidats et le gagnant devient président des États-Unis d'Amérique.

❦

Marrant, non ? Je suis certain que, contrairement aux élections actuelles, ça mobiliserait beaucoup plus que 40 % à 50 % des Américains. Alors oublions tout le fatras de la campagne, avec sa propagande électorale vicieuse. Et surtout, qu'on ne nous sucre plus jamais un épisode des Simpsons au profit d'un débat entre deux mâles blancs en costard-cravate qui prétendent être des adversaires alors qu'ils partagent les mêmes convictions sur pratiquement tous les sujets.

4

Questions pour un champion

Ils se présentent comme les démocrates et les républicains. De soi-disant adversaires. Mais vous savez bien qu'ils se ressemblent comme deux gouttes d'eau.

Même comportement, même façon de marcher, et parfois exactement les mêmes discours – c'en est hallucinant ! Nos deux grands partis sont des frères jumeaux. On pourrait les appeler les républicrates. Ce sont eux qui parrainent fièrement notre régime à parti unique. À quoi ça sert de faire semblant d'y croire ? Malgré tous les efforts qu'ils font pour apparaître différents, ils ne peuvent pas s'empêcher d'être des copies conformes.

Vous avez des doutes ? Alors, jouez au jeu des républicrates. Répondez au questionnaire et sachez distinguer les frimeurs des imposteurs. À vos plumes, l'épreuve est commencée !

Première partie : choix multiple

Qui a fait la déclaration suivante ? Un démocrate ou un républicain ?

1. « J'ai toujours été partisan de la prière à l'école… Nous ne pourrons pas insuffler un nouvel élan à

notre pays si nous ne sommes pas plus nombreux – tous nos concitoyens, à la limite – à fréquenter une église. »

A. Le révérend Jerry Falwell, télé-évangéliste, républicain
B. Bill Clinton, démocrate
C. Oliver North, trafiquant d'armes, républicain
D. Le révérend Jesse Jackson, démocrate

Réponse : B – Bill Clinton, démocrate, dans une conférence de presse en Indonésie en 1994 et dans son discours sur l'état de l'Union de 1994.

2. « Le moment est venu d'inscrire l'obligation de préserver l'équilibre budgétaire dans la Constitution. »

A. Ronald Reagan, républicain
B. George Bush, républicain
C. Sénateur Robert Dole, républicain
D. Sénateur Paul Simon, démocrate

Réponse : D – Sénateur Paul Simon, démocrate, dans un communiqué de presse daté du 23 janvier 1995 applaudissant la décision du sénateur Tom Harkin (Iowa, démocrate) de voter en faveur d'un amendement constitutionnel sur l'équilibre budgétaire.

3. « Dans une société libre, les artistes ont le droit de se livrer aux performances les plus bizarres ou les plus incongrues. Cela relève de la liberté d'opinion. »

A. Newt Gingrich◊, républicain
B. Tom Hayden, ex-dirigeant étudiant des années soixante, démocrate
C. Pat Robertson, personnalité de l'extrême droite républicaine
D. Jerry Brown, démocrate

Réponse : A – Newt Gingrich, républicain, lors d'un petit déjeuner de presse en janvier 1995.

4. « Contribuez à un programme de reforestation. Prenez part aux grands événements à caractère

écologique, comme la Journée de la Terre. Adoptez une route, un chemin de randonnée ou une piste cyclable. Devenez membre actif d'un groupe local de protection de l'environnement. Lancez un programme de recyclage. Plantez un jeune arbre. »
A. Al Gore, démocrate
B. Fleetwood Mac, groupe de rock, démocrate
C. Lady Bird Johnson, veuve d'un ex-président, démocrate
D. Document du groupe parlementaire républicain
***Réponse** : D – Le groupe parlementaire républicain*

5. « Il n'y a pas de crise du système de santé américain. »
A. Sénateur Patrick Moynihan, démocrate
B. Sénateur Robert Dole, républicain
C. Sénateur Strom Thurmond, quatre-vingt-treize ans, républicain
D. Docteur Jack Kevorkian, praticien de l'euthanasie, affiliation politique inconnue
***Réponse** : A et B – Sénateur Moynihan, démocrate, lors de l'émission* Meet the Press *en janvier 1994 ; sénateur Dole, républicain, interview, décembre 1993.*

Deuxième partie : vrai ou faux ?

1. Le déficit budgétaire est plus important sous Clinton que sous Reagan ou Bush. VRAI OU FAUX ?
***Réponse** : Faux. Sous Reagan et Bush, il s'élevait à 5 % du PIB. Les deux premiers budgets de Clinton l'ont fait baisser à 2,5 %.*

2. C'est au bellicisme des républicains qu'on doit la guerre de Corée et la guerre du Vietnam. Les démocrates sont le parti de la paix. VRAI OU FAUX ?
***Réponse** : Faux. Le président était démocrate quand les États-Unis ont envoyé des troupes combattre en*

Corée et au Vietnam, Nombre total de morts américains : 112 185. Objectifs atteints : zéro.

3. Ce sont les démocrates qui ont édicté la première loi anti-IVG postérieure à la libéralisation de l'avortement. VRAI OU FAUX ?
Réponse : Vrai. En 1977, Jimmy Carter a signé une loi interdisant le remboursement intégral des interruptions de grossesse aux femmes sans ressources.

4. Le montant global du déficit a augmenté sous la présidence de Clinton. VRAI OU FAUX ?
Réponse : Faux. Il a dépassé cinq fois les trois cents milliards de dollars pendant les mandats de Reagan et de Bush. Quand Clinton a été élu en 1992, il était de 290 milliards. En 1995, il n'était plus que de 163,8 milliards.

5. Quatre élues démocrates sur les cinq présentes au Sénat ont voté en faveur de la loi d'austérité républicaine de 1995 qui a mis fin à soixante ans de compromis démocrate en faveur d'une couverture sociale pour les pauvres. VRAI OU FAUX ?
Réponse : Vrai. Il s'agit des sénatrices Barbara Mikulski (Maryland), Dianne Feinstein (Californie), Barbara Boxer (Californie) et Patty Murray (Washington). Seule la sénatrice noire Carol Moseley-Braun (Illinois) a voté contre.

Troisième partie : qui a dit quoi ?

Nos trois personnages :

A. George W. Bush Jr, gouverneur du Texas, républicain

B. Sénateur Edward Kennedy, Massachusetts, démocrate

C. Newt Gingrich, Géorgie, président de la Chambre des représentants, républicain

Trouvez l'auteur de la citation :

1. « [Nous] devons mettre fin aux abus d'une législation excessivement laxiste en matière d'immigration qui met en danger les emplois des travailleurs américains. Ce sont des centaines de milliers de bons emplois qui sont menacés et qui devraient être d'abord accessibles aux travailleurs *américains* ! »
Réponse : B – Edward Kennedy, lors d'une conférence de presse le 12 février 1996.

2. « C'est avec enthousiasme que nous devrions ouvrir les bras à tous ceux qui veulent immigrer légalement aux États-Unis. »
Réponse : C – Newt Gingrich, dans son livre To Renew America.

3. « Nous ne tolérerons pas qu'on dénigre le Mexique ou les immigrants. Les candidats qui se livrent à ce type de démagogie devront en payer le prix. »
Réponse : A – George Bush Jr, à El Paso, Texas, le 11 août 1995.

Quatrième partie : quel est votre héros favori ?

Bill Clinton (A) et Newt Gingrich (B) sont tous deux des admirateurs des grandes figures de notre histoire politique. Lequel des deux a prononcé les phrases suivantes ?

1. « Dans la lutte pour l'intégration de la nation américaine, les leaders politiques les plus combatifs étaient démocrates. Le fait est que c'est l'aile progressiste du parti démocrate qui a mis fin à la ségrégation raciale. Le fait est que c'est Franklin Roosevelt, un démocrate, qui a redonné l'espoir à une nation en détresse. »
Réponse : B – Newt Gingrich, discours d'acceptation du poste de président de la Chambre des représentants, 5 janvier 1995.

2. « Ce qui m'a le plus frappé, c'était la rigueur des analyses [du président Nixon] et la sagesse de ses propositions. Le président Nixon croyait fermement que nous ne pouvons pas être forts sur notre propre sol si nous ne sommes pas les premiers sur la scène internationale. »
Réponse : A – Bill Clinton, discours prononcé au Nixon Center for Peace and Freedom, mars 1995.

3. « À Ronald Reagan, que nous saluons ce soir, et qui nous a exhortés à tenir bon jusqu'à la conclusion victorieuse de notre lutte crépusculaire contre le communisme. »
Réponse : A – Bill Clinton, discours sur l'état de l'Union, 1995.

4. « Moins d'État, moins de bureaucratie, voilà ce que je souhaite. C'est nous qui avons le plus réduit l'emprise de l'État, pas nos adversaires [...] au cours des trente dernières années, et c'est nous qui avons fait les plus gros efforts de déréglementation. »
Réponse : A – Bill Clinton, remarques adressées aux démocrates de l'Ohio en mars 1996.

Cinquième partie : question subsidiaire

Qui a dit : « Si nous avons invité les Power Rangers, c'est parce qu'ils offrent à la jeunesse un modèle d'intégration multiethnique et d'égalité entre hommes et femmes » ?

A. Michael Eisner, P-DG de Disney
B. Hillary Clinton
C. Newt Gingrich
Réponse : Eh oui, C – Newt Gingrich, lors d'une fête organisée en janvier 1995 au Capitole pour les enfants des membres du groupe parlementaire républicain.

Félicitations ! Vous avez répondu à toutes les questions. Si vous avez obtenu moins de 50 % de bonnes réponses, nous comprendrons que vous décidiez de ne pas vous rendre aux urnes aux prochaines élections.

5

Vous étiez pas sur le Mayflower *? alors, dégagez !*

> « Je crois que Dieu a créé tous les hommes également bons. Mais si nous devions accueillir un million d'immigrants l'année prochaine – des Zoulous, mettons, ou des Anglais – et les installer en Virginie, lequel de ces deux groupes serait le plus facile à assimiler et causerait moins de problèmes aux habitants de la Virginie ? »
>
> PAT BUCHANAN

Ça doit être une coïncidence, mais j'ai toujours rêvé de voir Pat Buchanan se livrer à des efforts d'assimilation avec une bande de Zoulous. Eh oui, Pat, je te vois bien avec un million de voisins zoulous. En fait, contrairement à la tienne, ma politique d'immigration est très simple : on laisse tout le monde entrer, sauf les fachos comme toi.

Et pour les fans de Buchanan, c'est la même chose : ils feraient mieux de faire leurs valises. J'imagine qu'ils ne réalisent même pas à quel point il est hypocrite de fermer la porte aux immigrants alors que personne d'entre nous ne serait américain si nos arrière-grands-parents ne s'étaient pas débrouillés pour débarquer ici. À part les Noirs (transportés de force) et les Indiens (qui sont arrivés les premiers), nous devons tous notre présence ici à l'aventureuse ingéniosité de nos ancêtres immigrants.

Au lieu d'en éprouver de la gratitude – et de reconnaître tous les avantages que *nous* devons à leurs tribulations –, nombre d'entre nous veulent désormais exclure les nouveaux venus. Ils se comportent exactement comme les salopards qui voulaient fermer les portes de l'Amérique aux familles de nos aïeux et qui leur empoisonnaient l'existence une fois qu'ils avaient débarqué.

Les immigrés ont toujours été des boucs émissaires de choix. À en croire Pat Buchanan et ses congénères, ce sont les immigrés sans papiers qui provoquent le chômage, ce sont eux qui détruisent notre système de protection sociale et qui alimentent la délinquance et, le pire, c'est qu'on ne comprend même pas ce qu'ils racontent.

Bien entendu, la vérité est tout autre. Les immigrés travaillent plus dur que les autres. Ils ne risquent pas d'exercer une pression excessive sur notre système de protection sociale, vu que nombre d'entre eux n'osent même pas réclamer leurs droits de peur d'être découverts. Et la criminalité est en baisse aux États-Unis depuis 1991, alors même que le nombre d'étrangers sans papiers augmente de trois cent mille par an.

Ces « clandestins » ne demandent pas mieux que de se charger des boulots que nous ne voulons pas faire, les sales boulots, les tâches les plus pénibles. Ce sont eux qui triment dans les champs ou qui nettoient nos cochonneries quand nous quittons notre chambre d'hôtel. Et qu'est-ce qu'ils reçoivent de nous en échange ? On se plaint de ne pas comprendre leur anglais un peu primaire au comptoir du McDonald's. Il n'y a qu'à envoyer Buchanan y bosser à leur place, *c'est sûr qu'on n'aura plus de problèmes pour se faire servir le bon burger* !

Mais ce n'est pas le genre de boulot qui t'intéresse, pas vrai, Pat ? Le Seigneur avait des vues plus grandioses pour ton avenir : les meilleures écoles, un emploi en or, une grande maison, une épouse docile, et tout le reste sur un plateau. C'est quelqu'un d'autre qui doit nettoyer derrière toi, laver ta vaisselle et décoller les chewing-gums qui traînent sur ta moquette.

Et pourtant – et c'est là que j'ai du mal à saisir –, tu ne veux pas les laisser entrer en Amérique pour venir y faire le sale boulot à ta place. Mais tu ne peux pas avoir le beurre et l'argent du beurre, mon cher Pat. Si tu continues à exiger que toute personne résidant aux États-Unis soit citoyen américain de naissance, alors je te suggère de te retrousser les manches, de te mettre à quatre pattes et de racler toi-même la couche d'urine qui orne la cuvette des chiottes.

Pourquoi faut-il que ça soit *moi* qui te donne une leçon de capitalisme ? Les immigrés, clandestins ou pas, gagnent leur vie à la sueur de leur front, et ils deviennent ainsi des *consommateurs*, ce qui contribue à *créer des emplois*. Je trouve vraiment bizarre que les gens de droite ne voient pas tout le profit qu'en retire le système corrompu qu'ils défendent. Les capitalistes vivent de l'exploitation des travailleurs, et qu'est-ce qu'il y a de plus facile à exploiter qu'une bande de Chinois ou de Mexicains sans papiers ?

C'était d'ailleurs là pendant des années la politique officieuse du gouvernement. La triste réalité, c'est que les services d'immigration fermaient les yeux et ignoraient les clandestins parce que nous avions besoin de main-d'œuvre à bon marché. Mais maintenant que nous avons dégraissé la moitié du pays, nous avons toute la main-d'œuvre autochtone à bas prix que nous pouvons souhaiter.

Pendant les années soixante-dix et quatre-vingt, les États-Unis accueillaient à bras ouverts les immigrants en provenance de Cuba et du Vietnam. Pourquoi ? Parce que, en tant qu'anticommunistes endurcis, tous ces étrangers venaient grossir les rangs des électeurs républicains. Plus d'un million de Cubains ont généreusement obtenu l'asile politique depuis la prise du pouvoir par Castro. Mais comment ça se passait avant Castro ? D'après les services d'immigration, en tout et pour tout, les États-Unis ont accordé le statut de réfugié politique à *trois* citoyens cubains pendant les années quarante, passant généreusement à *six* dans les années cinquante, à l'époque où le dictateur Batista dirigeait le pays d'une main de fer.

Pour tous les autres, au cours des cinquante dernières années, qu'il s'agisse de Juifs fuyant l'Holocauste ou de paysans salvadoriens essayant d'échapper aux escadrons de la mort, c'était une fin de non-recevoir : *persona non grata in America*. Quel que soit le degré de souffrance ou de répression politique dont ces clandestins étaient victimes chez eux, la flamme de la statue de la Liberté ne brillait pas pour eux.

À ceux qui persistent à exiger qu'on ferme les portes aux nouveaux venus, je poserai une seule question : de quel droit ? À moins d'être amérindien, votre présence ici n'a aucune légitimité supérieure.

Comme je suis d'humeur généreuse, je suis même prêt à accorder à titre honoraire le statut d'authentique Américain d'origine à la bande d'exaltés qui ont fui la persécution religieuse en s'embarquant sur le *Mayflower*. D'ailleurs, je me permets de vous communiquer ci-dessous la liste des passagers du *Mayflower*. Si vous n'y trouvez pas votre nom, il serait temps de vous demander comment vous avez bien pu atterrir dans ce pays, vous et vos ancêtres, et de quel droit vous méritez d'y rester.

Vous n'y êtes pas ? Alors fermez votre gueule ! Quant à Buchanan, s'il continue à casser du clandestin, je jure que je vais mener une enquête pour savoir comment ses aïeux se sont introduits aux États-Unis. Il ferait mieux de trouver une autre cible à ses élucubrations réactionnaires.

Pour en revenir à notre liste, il semble bien que, moi, j'en fasse partie. Bon, je sais, il manque un « o » à

Liste des passagers du **Mayflower**
(établie par Christopher Jones, capitaine, 1620)

ALDEN	COOPER	LANGMORE	SOULE
ALLERTON	CRACKSTON	LATHAM	STANDISH
BILLINGTON	DOTY	LESTER	STORY
BRADFORD	EATON	MARGESSON	THOMPSON
BREWSTER	ENGLISH	MARTIN	TILLEY
BRITERIDGE	FLETCHER	MINTER	TINKER
BROWNE	FULLER	MORE	TREVOR
BUTTON	GARDINER	MULLINS	TURNER
CARTER	GOODMAN	PRIEST	WARREN
CARVER	HOLBECK	PROWER	WHITE
CHILTON	HOOKE	RIGDALE	WILDER
CLARKE	HOPKINS	ROGERS	WILLIAMS
COOKE	HOWLAND	SAMPSON	WINSLOW

« More », mais mes ancêtres irlandais l'ont probablement perdu en route au moment d'immigrer illégalement en Angleterre et avant d'immigrer illégalement aux États-Unis.

Ma politique d'immigration est simple. Le 1er janvier de chaque année, on ouvre les portes et les premières cent mille personnes qui arrivent à entrer aux États-Unis – *« by all means necessary »*, comme disait Malcolm X – sont acceptées. Les premières cinquante d'entre elles auront même droit à un T-shirt à l'effigie de Tipper Gore◊. Nous leur donnerons des papiers et les soutiendrons dans leurs efforts pour devenir citoyens des États-Unis. Réfléchissez un peu : on a de l'espace *à revendre*, ici. Vous avez déjà traversé le Kansas ? Seigneur, ça n'en finit pas ! Il y a de quoi installer tous les nouveaux venus. Et l'ouest du Texas ? Vous pouvez y passer une semaine sans rencontrer âme qui vive. Je vous dis qu'on a de l'espace à ne plus savoir quoi en faire. Pensez au Montana ! À l'Alaska ! Au centre-ville de Detroit[◇] ! Peuplons-les de gens qui, contrairement à pas mal d'entre nous, veulent VRAIMENT y vivre !

On a beau fantasmer sur l'invasion des immigrés, on est loin d'être les plus « envahis ». Il suffit de voir les chiffres : 22,7 % des habitants de l'Australie sont nés à l'étranger ; c'est aussi le cas de 18,5 % des Suisses et de 16,1 % des Canadiens. Aux États-Unis, les personnes nées à l'étranger représentent seulement 8,7 % de la population.

Dans le but d'aider ceux d'entre vous qui souhaitent émigrer aux États-Unis, je vous livre quelques tuyaux utiles pour s'infiltrer à travers nos frontières. N'oubliez pas d'emporter une copie des pages suivantes lors de votre voyage, et passez me voir à New York, vous aurez droit à un petit déjeuner gratuit et à un porte-clés en forme de statue de la Liberté.

Cinq façons ingénieuses d'entrer aux États-Unis

1. Par avion. Je ne comprends pas pourquoi on dépense des millions de dollars à surveiller la frontièrc mexicaine quand plus de la moitié des immigrants illégaux arrivent par avion. Si vous choisissez la voie des airs pour vous infiltrer aux États-Unis, sachez que vous n'êtes plus obligé de passer par des grands aéroports hyperfliqués comme ceux de New York ou de Los Angeles. Désormais, n'importe quelle agglomération affuble son propre aéroport de l'épithète « international ». C'est comme ça que vous pouvez atterrir sur l'aéroport « international » de Chattanooga, Tennessee, ou sur l'aéroport non moins « international » de Reno, Nevada. Même Flint a son aéroport « international ». Nombre d'entre eux disposent de leurs propres services de douane, dont les agents ne sont pas nécessairement sélectionnés parmi les individus les plus perspicaces de la population locale. Alors, si vous le pouvez, atterrissez dans une de ces villes, dites que vous êtes touriste ou étudiant, et ne repartez plus jamais !

2. Par le Mexique. Si vous passez par le Mexique, évitez les postes frontière où les candidats à la présidence des États-Unis ont l'habitude de se faire photographier. Ils sont généralement truffés d'agents de l'immigration pour faire croire à l'opinion que nous menons une politique impitoyable à l'égard des clandestins. Essayez plutôt de franchir le Rio Grande du côté de Brownsville, où il a à peu près la taille d'un caniveau. À Los Ebanos, au Texas, le fleuve peut être traversé sur une petite barge tirée par une corde. Une fois du côté américain, vous serez accueilli par un type des services d'immigration qui s'intéresse surtout à la pêche et qui vous fera passer la douane en un clin d'œil.

3. Par le Canada. Il n'y a pas mieux que le Canada pour entrer aux États-Unis. Si vous venez d'Europe, atterrissez à Toronto ou à Montréal, dites aux sympathiques douaniers canadiens que vous êtes venu visiter les chutes du Niagara, et dirigez-vous vers la frontière américaine. Il n'y a pratiquement aucune surveillance entre le Québec et le Vermont. Si vous cherchez un bon endroit pour traverser, je vous conseille le champ à côté du McDonald's établi au bord de la route 87 de l'État de New York, à la frontière du Vermont. Une fois entré aux États-Unis, passez directement dans le Vermont (il y a moins de patrouilles frontalières), prenez la I-89 jusqu'à la sortie n° 10, puis la route 100 vers le nord jusqu'à Waterbury, où vous pouvez visiter l'usine des célèbres glaces Ben et Jerry◊. Il y a des visites organisées toutes les demi-heures et tous les jours de la semaine, de 9 heures à 17 heures. N'oubliez pas de goûter deux des meilleures spécialités maison : la Chocolate Chip Cookie Dough et la Cherry Garcia !

Si vous voulez *vraiment* visiter les chutes, passez par le pont central, celui qui surplombe les remous du Niagara, les agents de l'immigration y sont moins vigilants. N'oubliez pas de dire que vous allez faire vos achats chez Tops, le supermarché où tous les Canadiens s'approvisionnent en bière et en cigarettes bon marché. Si vous voulez, vous pouvez aussi retourner au Canada et y rester – ce que, personnellement, je ne saurais trop vous recommander, vu que vous y jouirez de tous les agréments des États-Unis moins les vingt-trois mille meurtres par an et la connerie américaine. Si vous voyez un Canadien verser une abondante dose de vinaigre sur ses frites, ne vous inquiétez pas. Contrairement aux Américains, tous leurs problèmes de santé sont intégralement remboursés par la Sécurité sociale. Apprenez par cœur le numéro de téléphone de Pizza Pizza, leur chaîne nationale de pizzerias. Si vous pouvez dire 967-11-11, les douaniers canadiens penseront que vous êtes un compatriote et vous laisseront passer sans contrôle.

Si vous voulez visiter mon État, le Michigan (celui qui ressemble à une moufle sur les cartes), le mieux est de passer par le Bluewater Bridge, à Port Huron. Je me rappelle avec émotion y avoir subi une fouille au corps pendant la guerre du Vietnam. Mais ne vous inquiétez pas, ils vous laisseront passer, ils sont juste un peu curieux.

4. Par mer. Quel est le pays le plus proche de notre frontière sud après le Mexique ? Vous avez gagné, c'est Bimini ! À pas plus de quatre-vingts kilomètres des côtes de la Floride, l'île de Bimini, aux Bahamas, est passée à la notoriété grâce à l'escapade en bateau du candidat démocrate raté Gary Hart avec le mannequin Donna Rice en 1984. Bimini est très facile d'accès et on la quitte aussi facilement. À ce qu'on m'a dit, un bateau peut vous débarquer clandestinement en Floride pour la coquette somme de 950 dollars (demandez Lou sur le deuxième quai), et un vol d'hydravion jusqu'à Miami vous coûtera 156 dollars plus les taxes (mais vous risquez d'être contrôlé). N'essayez pas d'atteindre les côtes de Floride en ski nautique, vu que le moteur de votre hors-bord a une autonomie de quinze kilomètres environ.

5. Par la Russie. Il existe un endroit par lequel vous pouvez entrer aux États-Unis avec la certitude de ne *jamais* rencontrer une patrouille. Il n'y a en effet aucun agent d'immigration sur les îles Diomède, dans le détroit de Behring. En hiver, quand la mer est gelée, vous pouvez tranquillement passer à pied de la Russie aux États-Unis. C'est la route idéale pour les voyageurs en provenance d'Asie. Il suffit de se frayer un chemin vers le nord à travers la Sibérie jusqu'à la Grande Diomède. Ensuite, avancez prudemment pendant environ quatre kilomètres à travers les blocs de glace flottants jusqu'à la Petite Diomède, qui est en territoire américain. Vous y serez amicalement accueilli par des Esquimaux qui vous réchaufferont et vous indiqueront la route pour les trois mille cinq cents kilomètres qui vous restent à faire.

Bon, évidemment, il y a quelques inconvénients. D'abord il fait un froid de canard, alors habillez-vous chaudement. Il arrive que le vent souffle à cent kilomètres à l'heure et la visibilité est nulle. Autre petit détail : les ours polaires. Ils sont assez gros et de méchante humeur, et ils vous dévoreront avec ou sans carte de séjour. Il n'est pas déconseillé d'emporter un gros fusil dans votre valise.

Cette route peut paraître la plus difficile, mais pensez seulement au côté symbolique de la chose. C'est la route que les premiers « Indiens » en provenance d'Asie ont empruntée pour coloniser l'Amérique. En somme, c'est la seule voie d'accès légale, officielle et sanctionnée par l'histoire. Pour le reste, nos ancêtres ont dû constamment faire irruption à des endroits où ils n'étaient guère bienvenus.

Ils sont parmi nous

Les personnes dont les noms suivent ne sont pas nées aux États-Unis. Ce sont des extra-terrestres débarqués chez nous. Pas étonnant que ça aille si mal.

Madeleine Albright, secrétaire d'État (Tchécoslovaquie), Mario Andretti, coureur automobile (Italie), Ann-Margret, actrice, chanteuse (Suède), Clive Barnes, critique de théâtre au *New York Post* (Angleterre), Saul Bellow, écrivain (Canada), David Byrne, membre des Talking Heads (Écosse), José Canseco, champion de base-ball (Cuba), Liz Claiborne, styliste (Belgique), Gloria Estefan, chanteuse (Cuba), Patrick Ewing, star du basket (Jamaïque), Max Frankel, rédacteur en chef du *New York Times* (Allemagne), Terry George, scénariste d'*Au nom du père* (Écosse), Peter Jennings, présentateur TV (Canada), Ted Koppel, présentateur TV (Angleterre), Angela Lansbury, actrice (Angleterre), Yo-Yo Ma, violoncelliste (France), Peter Max, artiste (Allemagne), Zubin Mehta, chef d'orchestre (Inde), Martina Navratilova, championne de tennis (Tchécoslovaquie), Mike Nichols, réalisateur du *Lauréat* (Allemagne), Hakeem Olajuwon, star du basket (Nigeria), Frank Oz, marionnettiste et réalisateur (Angleterre), I.M. Pei, architecte (Chine), Itzhak Perlman, musicien (Israël), Sidney Poitier, acteur (Bahamas), Anthony Quinn, acteur (Mexique), Carlos Santana, chanteur de rock (Mexique), général John Shalikashvili, ancien chef d'état-major (Pologne), Gene

Simmons, musicien du groupe Kiss (Israël), Elizabeth Taylor, actrice (Angleterre), Alex Trotman, directeur chez Ford (Écosse), Eddie Van Halen du groupe Van Halen (Hollande), Elie Wiesel, écrivain (Roumanie), Billy Wilder, réalisateur de *Certains l'aiment chaud* (Autriche), Neil Young, légende du rock (Canada).

6

Le palmarès des assistés

J'ai horreur des assistés. Des feignants, des incapables qui attendent tout de l'État-providence sans rien donner en échange. Ils s'imaginent que leurs concitoyens sont là pour les tirer d'affaire au lieu de se bouger les fesses et de se prendre en charge. Toujours en train de quémander, ils comptent sur nous, travailleurs assidus et honnêtes contribuables, pour fermer les yeux sur leurs agissements. Et, en plus, ils se reproduisent. Combien de temps allons-nous encore supporter le comportement indigne de ces nababs assoiffés de subventions ?

Chaque année, ces parasites empochent sous diverses formes près de 170 milliards de dollars d'aide aux entreprises, somme financée par nos impôts et destinée à couvrir des dépenses qu'ils pourraient très bien prendre eux-mêmes en charge (et je ne parle que de l'aide accordée au niveau fédéral, sans mentionner les subsides alloués par diverses autorités locales). Ce qui revient à dire que chacun d'entre nous débourse 1 388 dollars par an pour faciliter la vie aux rupins !

En revanche, si on additionne la totalité des programmes sociaux – allocations familiales, allocations logement, déjeuners scolaires, etc. – financés par le gouvernement fédéral, on arrive à un chiffre de cinquante milliards de dollars par an, soit seulement 415 dollars par contribuable – un peu plus d'un dollar par jour et par personne.

Alors comment ça se fait que, quand on parle d'« assistés », la première image qui nous vient en tête est celle d'une mère célibataire du ghetto affublée d'une demi-douzaine de lardons ? Non seulement tout ce qu'on raconte sur les « *welfare mothers*[◇] » est raciste, mais en plus c'est faux. D'après les statistiques officielles, la majorité des bénéficiaires d'une aide sociale sont des Blancs habitant en banlieue[◇] ; ils ont en moyenne deux enfants, recherchent activement un emploi et ne restent généralement pas plus de deux ans dans cette situation de dépendance. Ce sont tout simplement des gens qui traversent une mauvaise passe et qui méritent entièrement notre aide et notre respect.

Il est facile de fantasmer sur l'existence de toute une populace de resquilleurs et de parasites qui nous sucerait le sang. Surtout que, par les temps qui courent, quand nous ne savons même pas si nous pourrons payer nos traites, il n'y a pas besoin de faire beaucoup d'efforts pour nous convaincre de nous en prendre à ceux qui sont encore plus mal lotis que nous.

Mais nous pourrions peut-être chercher d'autres coupables – du côté de Wall Street, par exemple. Pourquoi ne pensons-nous jamais aux grands capitalistes quand nous évoquons les bénéficiaires de l'État-providence ? Les grandes entreprises profitent beaucoup plus de nos impôts, et de façon beaucoup plus contestable, que les pauvres gens qui s'évertuent à chauffer leur appartement avec un poêle à kérosène.

Les largesses de l'État-providence à destination des entreprises prennent diverses formes. Le plus souvent, ce sont des subventions directes. Il faut aussi compter avec tous les généreux abattements et exemptions fiscales dont vous et moi ne verrons jamais la couleur. Et puis il y a tous les biens et les services que l'État fournit aux entreprises à bas prix, voire gratis. Et croyez-moi, quand les capitalistes font la queue pour bénéficier de la charité de l'État, on ne leur refile pas des excédents de fromage rance. Mais voyons plutôt :

- McDonald's a reçu de l'État une aide de 1,6 million de dollars, entre autres pour financer sa campagne de promotion des Chicken McNuggets à Singapour de 1986 à 1994.
- Pour compenser la dépréciation de son équipement, Westinghouse a bénéficié d'un abattement d'impôt (faveur inaccessible au simple quidam) de 215 millions de dollars en 1993, ce qui ne l'a pas empêché de supprimer 24 700 emplois la même année.
- Entre 1990 et 1994, dans le cadre de son programme d'aide à l'innovation technologique, le gouvernement des États-Unis a accordé un total de 278 millions de dollars aux entreprises suivantes : Amoco, AT&T, Citicorp, Du Pont, General Electric, General Motors et IBM. Pendant la seule année 1994, les mêmes entreprises ont supprimé 339 038 emplois et fait 25,2 milliards de dollars de bénéfices.
- Exxon a pu déduire près de trois cents millions de dollars de ses impôts au titre des indemnités que cette compagnie a dû payer aux victimes de la gigantesque marée noire provoquée par l'*Exxon Valdez* (plus de quarante millions de litres de pétrole déversés sur les côtes de l'Alaska).
- Pillsbury a reçu onze millions de dollars pour la promotion à l'exportation de ses produits de boulangerie industrielle.
- En vertu d'un barème fiscal spécifique, Royal Caribbean Cruise Lines n'a payé aucun impôt sur ses 158 millions de dollars de bénéfices entre 1989 et 1992.
- Quarante-deux des cinq cents entreprises du palmarès de la revue *Fortune* n'ont payé aucun impôt fédéral sur le revenu entre 1981 et 1985. C'est seulement en 1986 qu'un taux minimum d'imposition leur a été appliqué.
- Il n'est guère de municipalité à travers les États-Unis

qui ne s'emploie à viabiliser des terrains, construire de nouvelles voies d'accès et des canalisations, agrandir son aéroport, former des milliers de salariés et augmenter en conséquence les impôts locaux pour satisfaire les caprices ou prévenir les menaces de telle ou telle grosse entreprise qui pourrait parfaitement financer elle-même ces activités, vu les énormes profits qu'elle accumule.

Pourquoi se gêner puisque l'État-providence est si généreux ? Les prolos n'ont qu'à payer l'addition. Tous ces gros bonnets savent bien qu'on est de bonnes poires. La preuve, on a réélu Reagan. Les travailleurs américains ne se sont jamais autant fait mettre que sous son gouvernement, mais ça ne les a pas empêchés d'en redemander. Et ils ont eu ce qu'ils demandaient. À leurs propres frais.

L'heure de gloire de tous ces richissimes parasites est venue le 19 décembre 1995, le jour où quatre-vingt-un P-DG ont signé une lettre adressée au président et au Congrès et publiée à leurs frais en pleine page par pratiquement tous les journaux du pays. Et devinez ce que cette lettre demandait à Clinton ? *Qu'il élimine le déficit budgétaire.* Après plus d'une décennie de gabegie reaganienne, avec comme résultat un déficit de 300 milliards de dollars, ces types qui s'étaient enrichis aux dépens de millions de salariés licenciés avaient le culot d'exiger la rigueur budgétaire ! Clinton aurait dû passer à la télé le soir même et leur dire qu'ils aillent se faire voir ailleurs. Tout le pays lui en aurait été reconnaissant.

Des patrons qui demandent l'élimination du déficit quand une des principales causes du déficit, ce sont justement les 170 milliards de dollars qu'ils empochent sans sourciller, vraiment, ça me dépasse.

Il est temps de redéfinir la notion d'« assisté ». Cessons de nous en prendre à cette pauvre mère célibataire de dix-neuf ans qui arrive à peine à joindre les deux bouts. Elle en bave déjà suffisamment pour qu'on ne vienne pas lui faire des leçons de morale. Pour ma part, je suis ravi de débourser un dollar et quatorze cents par jour pour aider les plus défavorisés. En fait, je serais prêt à payer le double si ça pouvait contribuer à leur offrir une protection minimale en attendant qu'ils soient tirés d'affaire. Allez, disons le triple !

Mais, quand je réalise que je trime toute l'année pour faire cadeau de 1 388 dollars à une bande de capitalistes pleins aux as qui délocalisent leurs entreprises, détruisent l'environnement et fraudent le fisc au passage, je me sens comme une envie de leur dire leurs quatre vérités, à ces assistés de luxe. Bougez un peu votre gros cul d'exploiteur et démerdez-vous pour créer des emplois, décontaminer l'eau et l'air que vous avez pollués et payer votre juste part d'impôts, ou je vous fais mettre en taule, vous et vos copains.

7

Californie : la ruée vers l'ordure

J'ai un copain qui prétend que tout ce qu'il y a de mauvais dans ce pays vient probablement de Californie. Et il n'a pas en tête les tremblements de terre, les incendies, les inondations et les émeutes, non. Il peut citer une liste impressionnante de calamités d'un autre type :

Richard Nixon
Ronald Reagan
John Wayne
Les principales industries d'armement
Disneyland
La John Birch Society◊
Le congressiste ultraréactionnaire Bob Dornan
Le mouvement anti-immigration
Le mouvement anti-impôts
L'équipe de hockey des Mighty Ducks◊
Charles Manson

Comme je le lui ai fait remarquer, à part Charles Manson – le célèbre gourou hippie et tueur psychopathe qui a assassiné Sharon Tate, la première femme de Roman Polanski, en 1969 –, tous les phénomènes mentionnés dans sa liste ont quelque chose en commun : Orange County, Californie, un vaste territoire qui s'étend entre Los Angeles et San Diego. Nixon y est né, Reagan y a rassemblé 75 % des suffrages, et une impressionnante statue du célèbre cow-boy de Hollywood, qui a vécu à Orange County et y est enterré, vous accueille à votre arrivée à l'aéroport du comté, baptisé comme il se doit John Wayne Airport.

On dit souvent que Orange County est le « foyer spirituel » de tous les conservateurs du pays, et il n'est pratiquement pas une seule des idées les plus follement réactionnaires que nous ayons eu à combattre au cours des dernières années qui ne trouve son origine à Orange County. Évidemment, ça embarrasse pas mal de Californiens, et ils essaient souvent de se dédouaner en attribuant la dérive droitière de notre pays aux beaufs fondamentalistes du Sud profond ou, plus récemment, aux miliciens du Montana ou du Michigan.

Mais la triste vérité, c'est que la révolution conservatrice a vu le jour sous le soleil de Californie. Ce n'est pas un hasard si, en 1988, George Bush a rassemblé proportionnellement plus de suffrages à Orange County que dans tous les autres comtés des États-Unis.

Orange County est aussi un des comtés les plus riches du pays et partage avec quelques autres sites bénis des dieux comme Grosse Pointe, dans le Michigan, Westchester, au nord de New York, et Fairfax, près de Washington, la caractéristique d'afficher la plus grande concentration d'ultraprivilégiés.

Ce qui explique pourquoi l'opinion a été sérieusement traumatisée quand, le 6 décembre 1994, les autorités d'Orange County ont annoncé officiellement que le comté était en faillite. En faillite ? Vous pouvez m'expliquer comment un des plus riches comtés du pays peut *faire faillite* ? Apparemment, le trésorier du comté avait investi une bonne partie de l'argent des contribuables dans l'achat de « produits dérivés » à haut risque étroitement liés à la fluctuation des taux d'intérêt, et ce sur les conseils de la société de courtage Merril Lynch et avec l'approbation des élus locaux.

D'après l'hebdomadaire *US News and World Report*,

l'individu en question, Robert Citron, « avait emprunté 12,5 milliards de dollars et les avait investis dans ces produits dérivés – des produits financiers dont la valeur dépend de certains actifs sous-jacents, des obligations, par exemple. Mais avec la hausse régulière des taux d'intérêt décrétée par la Réserve fédérale, Orange County s'est retrouvé pris au piège : le service de sa dette était largement supérieur aux revenus de ses placements ». D'où la débâcle.

Comme la plupart d'entre vous, je n'ai rien pigé aux propos que je viens de vous citer, mais les riches, eux, sont censés les comprendre, sinon ils ne seraient pas devenus riches. Le problème, c'est qu'on peut admettre que le trésorier d'un bled pourri comme Davenport, par exemple, s'emmêle les pinceaux dans un truc aussi compliqué, mais que les nababs d'Orange County se plantent aussi magistralement, franchement, ça vous fout un peu la honte : le monde entier peut désormais constater à quel point les riches Américains sont stupides.

Mais ça résume bien l'histoire des quinze dernières années : un tas de crétins richissimes qui prennent de gros risques et ramassent un paquet de fric. Bon, d'accord, ça veut dire qu'ils ne sont pas *si* stupides que ça. Ils se sont simplement fait un maximum de blé pendant que le reste du pays faisait la double journée pour payer la facture du câble.

Sauf qu'à Orange County il y a eu un méchant retour de manivelle, et les contribuables locaux ont vu s'évanouir en fumée la coquette somme de un milliard sept cents millions de dollars ! Les riches ne sont pas comme nous, quand ils perdent autant de fric, ils le prennent très, mais alors très, très mal. (Nous autres, quand on perd notre boulot à trente mille dollars par an, on se contente d'augmenter la dose de Prozac.)

La chasse aux coupables a commencé. Le trésorier et son adjoint ont été inculpés et condamnés. Merril Lynch est sous le coup d'une enquête de la Commission des opérations en Bourse. Les élus plaident l'ignorance.

Les effets de cette gabegie ont été dévastateurs pour Orange County. Le budget a été réduit pratiquement de moitié. Plus de peinture fraîche ni de nouveaux manuels pour les écoles. Plus de centre d'accueil pour les femmes battues. Les centres de soins prénataux, les services de police et nombre d'autres programmes locaux sont réduits à l'austérité, voire abandonnés. L'équipe des California Angels a menacé de quitter le comté si le stade d'Anaheim n'était pas rénové. Les travaux d'agrandissement de Disneyland sont remis en cause. Comme quoi il n'y a pas que du négatif, dans cette histoire.

À part ça, on aurait pu penser que tous ces riches conservateurs, avec leur robuste antipathie pour la pression fiscale et l'État-providence, suivraient l'exemple de leur célèbre concitoyen John Wayne, et qu'ils se referaient une situation à la force du poignet.

On aurait pu penser que ces ultralibéraux assumeraient un minimum de responsabilité par rapport aux conséquences de leurs actes, et même qu'ils éprouveraient un soupçon de honte d'avoir dilapidé tant d'argent.

Eh bien, on aurait eu tort, collègue.

En moins de temps qu'il n'en faut pour conjuguer le verbe « mendier » au présent de l'indicatif, les édiles d'Orange County se précipitaient à Sacramento, capitale de la Californie, pour demander aux autorités de l'État de les renflouer. Finalement, l'aide sociale n'était pas une si mauvaise idée que ça. Même démarche auprès de Washington. Il faut dire qu'on n'avait jamais vu autant de grosses fortunes faire naufrage depuis la rencontre du *Titanic* avec un iceberg.

Comme on comprendra aisément, les élus de Sacramento n'étaient pas vraiment prêts à se mouiller financièrement pour les beaux yeux de privilégiés qui les avaient constamment voués aux gémonies. Ils auraient l'air de quoi, s'ils s'engageaient à sauver les fesses de ces rupins alors que des millions de Californiens avaient tout perdu sans se rendre coupables du quart des inepties commises par les autorités d'Orange County ?

Ils expliquèrent donc aux représentants dudit comté que charité bien ordonnée commence par soi-même et que, dans un authentique esprit d'énergique indépendance, nos amis orangistes n'avaient qu'à augmenter les impôts locaux pour éponger leur dette.

Les élus d'Orange County ont donc organisé une consultation à ce sujet. Ils ont timidement demandé à leurs administrés s'ils étaient prêts à accepter une augmentation d'un demi-cent de la TVA locale. Vous avez bien entendu : un demi-cent. Comment croyez-vous que les électeurs ont répondu ? Plus de 70 % ont voté contre ! Ils sont convaincus que c'est à *nous* – tout le reste du pays, qu'*ils* ont largement contribué à « dégraisser » – de payer *leurs* pots cassés. C'est en pleurnichant comme des bébés sans défense qu'ils nous ont priés de leur faire cadeau des dollars que nous avons gagnés à la sueur de notre front pour qu'ils puissent continuer à se payer le style de vie auquel ils sont habitués.

C'est vrai, quand on y pense, pourquoi devraient-ils être privés de leurs Mercedes, de leurs yachts, de leurs salles de spectacle de luxe ? Ils ont travaillé dur pour avoir tout ça. Ils ont fait leur chemin en détroussant le reste du pays, alors pourquoi n'auraient-ils pas à la fois le beurre et l'argent de *notre* beurre ?

Sans l'hystérie anticommuniste de ces gens-là, on n'aurait jamais eu aussi peur de l'Empire du Mal, et on n'aurait jamais financé l'industrie d'armement qui a fait la fortune d'Orange County, justement.

Sans leur soutien à Ronald Reagan, on n'aurait jamais eu la chance de voir notre salaire réel décliner pendant que leurs revenus montaient en flèche.

Si les braves gens d'Orange County ne nous avaient pas convaincus que nous avions de la chance de travailler pour le salaire minimum, on ne serait pas en train de payer des impôts pour leurs beaux yeux.

Heureusement, les habitants d'Orange County ont eu

une idée géniale. Pour recueillir les fonds dont ils ont besoin, ils ont annoncé qu'ils mettaient leurs décharges publiques à la disposition de leurs voisins. Vous pouvez désormais acheminer vos ordures à Orange County et les y déverser – moyennant finances. On vous fera payer trente-cinq dollars la tonne. D'après le porte-parole du service de gestion des déchets du comté, ça devrait leur rapporter quinze millions de dollars par an pendant les deux prochaines décennies.

Ça suppose quand même qu'ils arrivent à attirer chez eux cinq mille tonnes de déchets par jour, ce qui représente un sacré tas de détritus, même pour la Californie, et je crains qu'ils n'arrivent pas à atteindre leur quota.

Alors, donnons-leur un coup de main ! Envoyez-leur *vos* ordures ! Vous verrez comme ça vous fera du bien (ah, noyer Orange County sous les ordures !), et en plus vous ferez acte de civisme en les aidant à éponger cette fameuse dette de un milliard sept cents millions de dollars. Ça sera du reaganisme à l'envers.

Rassemblez tous vos vieilles boîtes de corn-flakes, vos cartons de jus d'orange, vos emballages de pizzas livrées la veille, vos chaussettes trouées, et faites-les parvenir aux décharges d'Orange County par l'intermédiaire d'un transporteur spécialisé dont voici l'adresse :

Taormina Industries, Inc.
PO Box 309
Anaheim, CA 92815

Taormina s'est engagé à accepter les ordures des lecteurs de ce livre, à condition que vous payiez le tarif prévu. En conformité avec le règlement des services postaux des États-Unis, veillez à ce que le contenu de vos envois ne répande pas une odeur trop désagréable, ne fuie pas, n'explose pas et ne dégage pas de radiations. Il n'est pas interdit de poster des ordures, mais veillez à ce qu'elles soient correctement empaquetées et dûment affranchies. Le paquet doit porter les inscriptions suivantes : OPÉRATION ORDURE ORANGE et « Contient des déchets à vocation charitable ». Et n'oubliez pas d'adjoindre la somme correspondante :

trente-cinq dollars la tonne, cela vous fait un peu plus de trois cents le kilo, plus les frais de manutention.

Encore une fois, c'est pour le bien du pays tout entier que vous faites ce geste. Nous devons tant aux habitants d'Orange County, et ce n'est que justice que nous leur rendons en les aidant quand ils sont dans le besoin.

Richard Nixon, qui repose en paix à Yorba Linda, Orange County, serait fier de vous.

8

Conseils pour le bon déroulement des émeutes commémoratives en l'honneur de Rodney King

Tous les ans, au mois d'avril, c'est l'anniversaire des émeutes de Los Angeles, en 1992. Depuis lors, on a fait pas mal d'efforts pour améliorer les relations raciales à LA : élection d'un maire républicain, émigration en Arizona de quelques milliers de Blancs et transfert des fonds destinés à la reconstruction du quartier de South Central à un projet immobilier de Las Vegas. Le chômage a atteint un niveau de 8,6 %, et après l'acquittement de O.J. Simpson[◊], les Blancs ont de nouveau un bon prétexte pour être racistes sans complexes. Franchement, c'était embarrassant de devoir échanger de grandes tapes dans le dos avec tous ces « Afro-Américains » et d'essayer de se rappeler à quel moment glisser *« Yo, man ! »* dans la conversation. Nous autres, les Blancs, ce qu'on aime bien avec certaines séries télévisées comme *Friends*, c'est que les acteurs y sont tous blancs. Comme nous, quoi ! On est quand même plus à l'aise entre nous, non ?

Ah, Los Angeles. Il y fait toujours beau et rien n'y change jamais. Si vous habitez à South Central, c'est à peu près comme si vous habitiez à Tombouctou. Les

Blancs de LA n'en ont rien à cirer – et ils n'ont même plus peur de vous le faire savoir. Cinq ans après la mésaventure de Rodney King◇, les flics ne se gênent même pas pour tabasser un camion entier de Mexicains en direct devant les caméras !

« Hé, sergent, regardez ! Un hélico de la télé ! »

« Bouche pas le cadre [VLAN !], qu'ils puissent admirer [VLAN !] tout le sang qui coule [VLAN !] du crâne de ce bronzé ! »

À l'approche de l'anniversaire du passage à tabac de King, j'ai tendance à avoir des bouffées de nostalgie, et j'imagine que c'est la même chose pour pas mal de Noirs et de Latinos de Los Angeles. C'est pourquoi je propose aux habitants de South Central de célébrer dignement ce mémorable événement.

Eh oui, il est temps d'organiser une nouvelle émeute !

Mais cette fois, pour l'amour de Dieu, *ne brûlez pas votre propre quartier* ! Qu'est-ce que vous y gagneriez ? Il n'y a rien qui ferait plus plaisir au reste de Los Angeles que de voir disparaître South Central, Compton et Watts sous les décombres.

Franchement, si vous en avez marre du pouvoir blanc, allez le chercher *là où il est*. Cette fois, c'est Beverly Hills qu'il faut incendier ! Là, oui, ça enverrait un sacré message. Et ce n'est pas très difficile à faire.

D'abord, les riches sont tellement bêtes qu'ils ont construit une autoroute gratuite qui vous amène *tout droit chez eux* ! Faut vraiment être crétin ! Cette superbe voie d'accès s'appelle La Cienega (ça veut dire « marécage » en espagnol) et va d'Inglewood (juste à côté de South Central) à Beverly Hills. Pas de péages, pas de postes de contrôle, pas de fossé ni de donjons, et personne ne vous demandera vos papiers. Tenue correcte exigée ? Ne vous en faites pas. Il vous suffit de suivre les indications de la jolie carte que je vous ai dessinée ci-joint.

Si vous êtes en voiture, vous ne devriez pas mettre plus de vingt/vingt-cinq minutes en dehors des heures

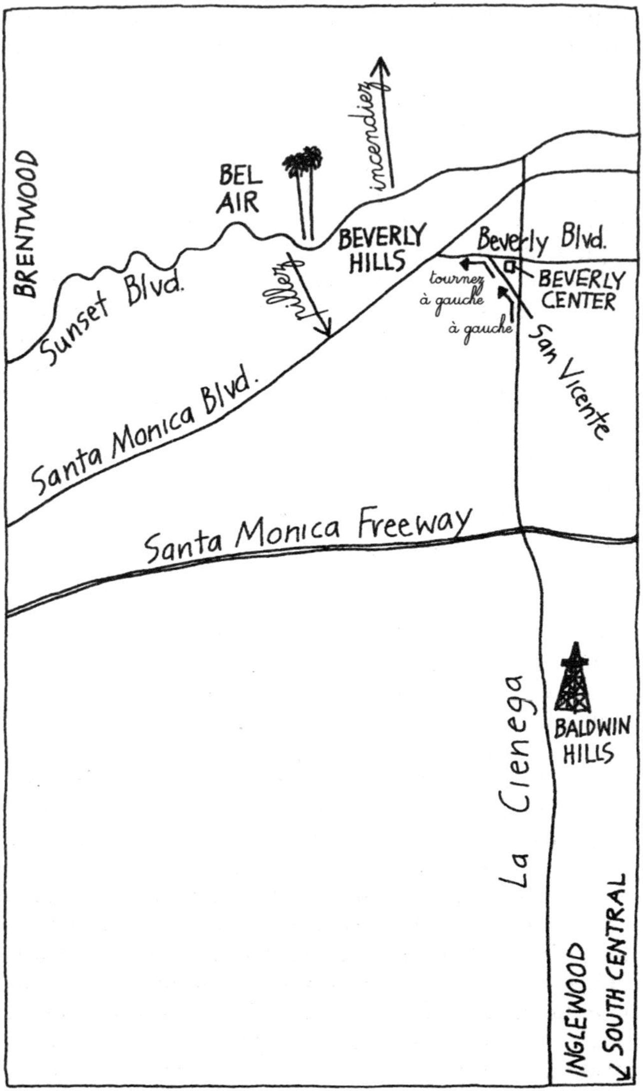
BRENTWOOD
BEL AIR
incendiez
Sunset Blvd.
BEVERLY HILLS
pillez
Beverly Blvd.
tournez à gauche
à gauche
BEVERLY CENTER
San Vicente
Santa Monica Blvd.
Santa Monica Freeway
La Cienega
BALDWIN HILLS
INGLEWOOD
SOUTH CENTRAL

de pointe. À pied, comptez un peu plus de trois heures. Préparez-vous une petite collation et emportez une paire de chaussettes de rechange pour être à l'aise. Il n'y a pas de sanisettes sur le parcours, ce qui fait que des toilettes portables ou une pelle peuvent être utiles.

Sur le chemin de Beverly Hills, vous longerez le magnifique champ de pétrole de Baldwin Hills. Là non plus, pas de contrôle, donc si vous avez besoin de faire le plein, ne vous gênez pas.

Un peu plus loin, vous passerez sous l'autoroute de Santa Monica. Elle s'est effondrée lors du tremblement de terre de 1994, mais elle a été reconstruite en moins de trois mois ! Admirez l'ouvrage et souvenez-vous que votre quartier, détruit en 1992, n'a pas encore vu l'ombre d'un parpaing. Mais attendez un peu pour péter les plombs, vous n'êtes plus qu'à trois kilomètres du but !

En arrivant au Beverly Center, à l'entrée de Beverly Hills, ne perdez pas votre temps avec les badauds du centre commercial, vous avez mieux à faire. Juste avant le centre commercial, tournez à gauche dans la rue San Vicente, qui débouche un peu plus loin sur le Beverly Boulevard. Prenez encore une fois à gauche, et vous voilà au paradis des piscines de luxe. La fête commence.

(NB : comme toute perte de vie humaine nous fait *horreur*, ayez l'amabilité de prévenir les habitants de Beverly Hills de votre arrivée avec deux heures d'avance. Ça leur laissera le temps de se réfugier de l'autre côté des collines.)

Au moment de choisir les cibles de votre rage incendiaire, laissez-moi vous suggérer de vous concentrer sur quelques symboles du pouvoir blanc. Je pense en particulier à toutes les institutions économiques qui vous maintiennent la tête sous l'eau depuis des décennies. Tout ce qui ressemble à une banque (combien de fois ils vous ont refusé un prêt ?), au siège d'une grande entreprise (combien de Noirs au conseil d'administration ?), à une agence immobilière (ils vous ont déjà proposé une villa avec piscine ?), à une agence d'emploi (vous en avez pas marre de l'intérim ?) ou à un débit de boissons alcoolisées (vous savez, ils sont juste là pour vous aider à oublier vos problèmes).

Les bâtiments publics sont aussi une cible à envisager, en fonction de votre animosité personnelle à l'égard de la police, de la municipalité ou des services d'hygiène. À mon avis, vous ne pouvez pas rater les services des transports municipaux, qui se sont arrangés pour que le tracé de la nouvelle ligne de métro évite South Central et grâce à qui vous poireautez régulièrement près de deux heures à l'arrêt de bus.

Maintenant, si je peux me permettre, je préférerais que vous n'agressiez pas les bureaux des géants du show biz. Bien sûr, c'est le premier secteur économique de la ville, mais il se trouve que je travaille pour eux, et il faut bien que je paye mes factures. Je sais qu'il n'y a pas beaucoup de Noirs à Hollywood, mais les gens des studios sont pleins de bonnes intentions, et je me suis même laissé dire qu'ils ont plutôt le cœur à gauche. Bon d'accord, ils n'ont jamais fait le moindre effort pour améliorer votre sort, mais après le souk que vous allez mettre à Beverly Hills, je vous garantis qu'ils vont se bouger les fesses.

Plus important encore, j'insiste sur le fait qu'il est absurde de s'en prendre aux membres des autres minorités ethniques – Coréens, Vietnamiens, Latinos, Juifs, Arabes ou Samoans. C'est une vieille astuce du pouvoir blanc que de détourner votre colère vers d'autres groupes minoritaires, et ça fait des siècles que ça marche. Vous avez un seul véritable ennemi, et je sais que vous savez qui c'est. Il se peut que les Coréens ou d'autres vous traitent comme de la merde, mais c'est nous qui leur avons appris à le faire – ce qui prouve qu'eux aussi se sont fait avoir.

Pour ce qui est de choisir les maisons à piller et à incendier, il faut faire preuve d'un peu de jugeote. Je vous conseille en particulier de piller les villas entre Santa Monica Boulevard et Sunset Boulevard (ce sont des gens plus raffinés et leurs collections d'objets d'art sont de meilleure qualité) et d'incendier celles qui surplombent le côté nord de Sunset Boulevard (la plupart sont moches et écologiquement néfastes et, vu la hauteur des collines, les Blancs pourront admirer le spectacle depuis aussi loin que Pasadena et Orange County !).

Une fois votre mission accomplie à Beverly Hills, si vous avez encore un peu d'essence, vous pouvez faire un tour à Bel Air et à Brentwood, qui ne sont pas loin et qui valent aussi le détour. Prenez le Sunset Boulevard direction ouest jusqu'à l'hôtel de luxe qui refuse une chambre à Eddie Murphy dans *Le Flic de Beverly Hills*. À partir de là, vous êtes dans le quartier où habitent les Reagan et le maire de Los Angeles.

Enfin, après une longue et fructueuse journée d'émeutes, rentrez à South Central et organisez-vous. Menacez de vous en prendre à Malibu la prochaine fois si on ne vous accorde pas l'égalité en matière d'emplois bien payés, de logement, de services de santé, ainsi que le droit de tourner dans d'autres films que des comédies « ethniques » de série Z.

9

Sauvons les petits païens !

À l'époque où je fréquentais une école catholique, les bonnes sœurs nous incitaient à adopter des « petits païens », comme elles disaient. Pour la modeste somme de cinq dollars par an, j'avais le droit de prendre en charge un bébé du tiers monde. Il était alors baptisé et c'est moi qui choisissais un nom chrétien à ce petit sauvage, lui évitant ainsi de passer le reste de l'éternité au purgatoire. Les cinq dollars en question étaient censés suffire non seulement à nourrir le pauvre innocent, mais à lui permettre de devenir un honnête et fervent catholique.

Un jour que sœur Patricia Marie nous exhibait les certificats de baptême, preuve que nos bébés païens étaient désormais sauvés du péché originel, il se trouve que l'un d'entre eux se retrouva sans légitime tuteur. J'ai alors levé la main et prétendu qu'il était à moi. Mon idée, c'était que plus j'abriterais de petits païens sous mon aile protectrice, plus j'aurais de chances d'échapper aux flammes éternelles de l'Enfer.

Les Américains ont toujours eu tendance à se percevoir comme un peuple particulièrement généreux, prodiguant des milliards de dollars d'aide aux populations dans le besoin.

Évidemment, je ne parle pas des populations dans le

besoin de Gary, Indiana, ou des Appalaches, ou de Jersey City. Quand il s'agit de nos chers concitoyens, nous sommes impitoyables. Aide sociale, tickets d'alimentation, allocations logement, supprimez-moi tout ça ! Si vous habitez dans le Michigan, le gouverneur exige que vous retourniez au boulot trois mois après avoir accouché, sinon, adieu les allocs ! Et le brave homme est catholique.

Il ne faut pas trop s'étonner que toute cette affection un peu bourrue déployée à l'égard des pauvres autochtones finisse aussi par déteindre sur les petits païens d'outre-mer. D'après les derniers sondages, la plupart d'entre nous – 80 % – sont convaincus que les États-Unis soutiennent le reste du monde à bout de bras. D'où ma surprise de découvrir qu'en matière d'aide au tiers monde, notre pays est, parmi les pays développés, celui qui dépense *le moins* par habitant.

Et vous savez quel est le pays le plus généreux du monde ? L'Arabie saoudite. Vous avez bien entendu, l'Arabie saoudite consacre à l'aide au développement un pourcentage de son PIB supérieur à celui de tous les autres pays, soit cinq milliards de dollars par an. Après elle viennent la Norvège, le Danemark, la Suède et les Pays-Bas. Même des pays comme le Portugal et le Luxembourg sont deux fois plus généreux que les États-Unis. En chiffres absolus, c'est le Japon qui dépense le plus.

Bref, les États-Unis consacrent moins de 0,5 % de leurs 1 600 milliards de dollars de budget à l'aide au tiers monde. Mais ne perdez pas le moral, chers compatriotes, nous sommes quand même les premiers du point de vue de l'assistance *militaire* aux pays en voie de développement.

C'est donc avec un certain intérêt que j'ai pu lire dans un quotidien il y a quelque temps que les conditions de vie dans certains endroits des États-Unis « commençaient à ressembler à la situation régnant dans le tiers monde ». Et d'ailleurs, l'Agence américaine pour le développement international (USAID) a décidé pour la première fois de son existence d'accorder une aide à des populations *résidant aux États-Unis*. À l'origine, USAID était destinée à aider les pauvres dans les pays en voie de développement. Mais maintenant, ce sont les États-Unis qui font partie de la liste des pays en voie de développement. On ne saurait imaginer un aveu plus brutal de la gravité de la situation du pays de la part du gouvernement américain. Peut-être même qu'une Mère Teresa va bientôt débarquer dans les parages.

Bien entendu, ça n'a guère surpris ceux d'entre nous qui ont vécu dans des endroits comme Flint au cours des deux dernières décennies. Parmi les spectateurs de *Roger et Moi*, nombreux sont ceux qui m'ont demandé pourquoi j'avais tourné la scène de la dame qui élève – et tue – des lapins pour vivre. Ce que je voulais, c'est que le spectateur se demande : « Mais qu'est-ce que c'est que ce bled ? C'est le tiers monde ou le siège de la multinationale la plus riche du monde ? »

Certains seront peut-être choqués d'apprendre qu'il existe aujourd'hui aux États-Unis des endroits qui sont pires que le tiers monde, mais c'est la triste réalité.

Prenez Baltimore, dans le Maryland. Quand il a découvert que seulement 56 % des enfants de Baltimore étaient vaccinés contre les maladies infectieuses, le maire de cette ville a fait appel aux services de l'USAID. En 1994, cinq fonctionnaires municipaux ont fait un voyage au Kenya et en Jamaïque pour apprendre comment ces deux États avaient réussi à vacciner près de 100 % de leur population en bas âge. Une fois rentrés à Baltimore, ils ont mis en pratique la leçon de ces pays du tiers monde et fait vacciner 96 % des enfants de la ville.

L'USAID a également soutenu un projet de logements sociaux à Washington et fonctionne comme consultant auprès des services sociaux de Boston, de Seattle et d'autres villes des États-Unis.

Tout ça m'a fait réfléchir. Si le gouvernement lui-même admet que les conditions de vie dans les quartiers pauvres ressemblent à celles du tiers monde, alors peut-être que les villes concernées pourraient recevoir une assistance non seulement de Washington, mais aussi des nombreux pays qui aident le tiers monde. Si le Canada, l'Australie et l'Irlande distribuent chaque année des millions de dollars aux pays en voie de développement, ils pourraient bien nous en envoyer une partie !

Parmi les pays occidentaux, c'est la Norvège qui consacre à l'aide au développement la plus grosse part de son PIB, soit plus d'un milliard de dollars. Les Pays-Bas, eux, y consacrent deux milliards de dollars.

Ces généreux pays donataires seraient-ils disposés à nous donner un coup de main, alors même que nos entreprises et notre gouvernement nous tournent le dos ? Il y a tellement d'endroits, aux États-Unis, qui pourraient faire bon usage d'une telle aide.

J'ai donc décidé d'entrer en contact avec les États les plus en pointe en matière d'aide au développement.

J'ai d'abord appelé l'ambassade de Norvège. Le fonctionnaire qui m'a répondu, M. Svein Andreassen, avait l'air assez embarrassé par ma démarche.

« Ça serait un peu bizarre de notre part de distribuer de l'aide aux États-Unis, m'expliqua-t-il. Nous ne pouvons pas prendre d'initiatives qui pourraient passer pour une ingérence dans les affaires intérieures de votre pays. Notez que nous compatissons au sort de ces gens, comme vous pourrez le constater en lisant les imprimés que nous tenons à votre disposition. »

J'ai donc essayé avec les Japonais, le pays le plus généreux en chiffres absolus. Mais le type de l'ambassade m'a dit qu'il ne pouvait répondre « qu'à une requête officielle de votre gouvernement. Le Japon envoie de l'argent à de nombreux pays, et il en envoie aussi aux États-Unis, mais ce n'est pas exactement le même genre d'argent ».

La personne qui a répondu à mon appel à l'ambassade d'Arabie saoudite semblait tout à fait intéressée par ma demande et m'a suggéré de la transmettre par fax au « prince Pandar ». Par respect pour l'islam, elle m'a demandé de ne pas solliciter d'aide au profit de localités « possédant un casino ». Je lui ai promis que je n'en ferais rien et lui ai faxé la lettre suivante :

Cher prince Pandar,

Je vous envoie ci-joint une demande d'aide de la part de votre gouvernement au profit des citoyens déshérités de mon pays. Il y a ici beaucoup de gens qui vivent dans une extrême pauvreté et ne bénéficient pas de services de santé adéquats. Grâce aux généreux médecins issus du monde arabe qui travaillent aux États-Unis, nous avons certes quelque espoir, mais, malheureusement, notre gouvernement est très occupé à éliminer son déficit budgétaire et n'est plus à même de satisfaire les besoins de ses propres citoyens. Je sais que cela a l'air incroyable – le pays le plus riche du monde, tout ça... –, mais c'est comme ça. Nous autres, les Américains, nous sommes un peu bizarres.

Je vous prie de m'excuser d'abuser de votre temps. Un chèque de cinquante dollars serait bienvenu.

Veuillez agréer, etc.

Michael Moore, citoyen américain

J'ai donc établi une liste des mille cas de détresse sociale les plus criants aux États-Unis. Mon éditeur ne souhaitant pas que je consacre autant d'espace à les énumérer tous, je me contenterai d'en citer quelques-uns.

Si vous êtes chef d'État d'un pays étranger et que vous souhaitez nous aider, veuillez s'il vous plaît indiquer le numéro des cas qui vous intéressent au moment d'envoyer votre chèque.

CAS N° 156
SHANNON COUNTY, DAKOTA DU SUD

Avec un taux de chômage non officiel oscillant entre 80 % et 90 %, Shannon County, site de la réserve indienne de Pine Ridge, est le comté le plus pauvre des États-Unis. Le revenu moyen annuel y est de 3 147 dollars, moins qu'au Mexique, en Argentine, à Singapour ou en Corée du Sud. Un domicile sur quatre ne dispose pas de sanitaires. Le taux d'alcoolémie mortelle y est neuf fois supérieur à la moyenne nationale. Et le Congrès a réduit des deux tiers l'aide sociale au logement destinée à Pine Ridge.

Y a-t-il un pays disposé à construire des logements et à aider nos concitoyens ? Envoyez votre aide à :

Oglala Sioux Tribe
PO Box H
Pine Ridge, SD 57 770

CAS N° 71
EL MILAGRO, NOUVEAU-MEXIQUE

Cette localité peuplée essentiellement d'immigrants mexicains itinérants est l'un des 1 400 villages du même type qui ont poussé comme des champignons au Texas et au Nouveau-Mexique. Ils sont habités par plus de 500 000 personnes, dont moins de 20 % sont raccordées à un système d'évacuation des eaux usées. Un quart d'entre elles n'a pas l'eau courante. Nombreux sont ceux qui n'ont pas l'électricité ou le téléphone. Certains coins du Bangladesh sont mieux équipés que ça. Ces conditions peu hygiéniques n'ont pas manqué d'entraîner la multiplication de maladies généralement réservées au tiers monde : choléra, dysenterie, hépatite et dengue.

Pouvez-vous nous envoyer une équipe de plombiers qualifiés ? Contact :

Colonias Development Council
1 485 North Main Street
Suite C
Las Cruces, NM 88 001

CAS Nº 922
ÉPIDÉMIE NATIONALE DE TUBERCULOSE

On pouvait croire que cette maladie était définitivement éradiquée aux États-Unis, mais elle est de retour et progresse régulièrement. En janvier 1996, quinze millions d'Américains en étaient affectés. Vingt-six mille nouveaux cas étaient recensés à travers le pays en 1994, contre seulement 22 930 au Kenya. Avant que nous ayons perdu toute chance de contrôler l'épidémie, nous avons désespérément besoin d'aide.

Si vous avez combattu avec succès la tuberculose dans votre pays, expliquez-nous votre méthode, SVP. Envoyez vos informations (sur carte postale uniquement) à :

Centers for Disease Control
1 600 Clifton Road NE
Atlanta, GA 30 333

CAS Nº 701
NORTHFORK, VIRGINIE DE L'OUEST

« Ici, la situation médicale est pratiquement celle d'un pays du tiers monde comme le Ghana », explique Christian Anderson – un médecin ghanéen – à propos de cette petite ville des Appalaches. Nommé à la tête de la clinique locale, Anderson n'a pas réussi à attirer un seul médecin américain à Northfork. De fait, Lisa Meredith, qui travaille également dans la clinique de Tug River, a déclaré au quotidien *Tampa Tribune* qu'elle ne pouvait pas imaginer qu'un médecin né aux États-Unis puisse vouloir travailler dans le comté de McDowell. Seuls des médecins d'autres pays du tiers monde acceptent d'y venir pour acquérir une formation qui leur servira plus tard chez eux. Dans le cadre de son programme d'aide au tiers monde, Apple a fait cadeau au personnel de la clinique d'un Macintosh à 2 500 dollars. C'est ce qui leur est arrivé de mieux depuis longtemps.

Quel pays est-il prêt à nous envoyer d'autres médecins et de l'argent pour acheter des médicaments ? Appelez la clinique de Tug River au (304) 862-2 588.

CAS N° 001
WASHINGTON, DC

La capitale des États-Unis possède son propre tiers monde à domicile. Outre le fait qu'elle a le taux de criminalité le plus élevé du pays et le plus grand nombre d'habitants dépendants de l'aide sociale, elle affiche aussi le plus fort taux de mortalité infantile. Il meurt plus d'enfants en bas âge à Washington qu'à La Havane. En 1994, certaines écoles publiques n'ont pas pu ouvrir à la date prévue parce qu'elles présentaient des « dangers structurels ».

Il faudrait qu'une ville comme Amsterdam accepte de se jumeler avec Washington et lui envoie d'urgence une aide massive. Eh, les Bataves, vous avez entendu ? Laissez tomber vos shiloms et magnez-vous ! Un aller simple Amsterdam-Washington sur KLM coûte 760 dollars (en deuxième classe). Une fois arrivé dans les quartiers sud-est de la ville, vous êtes à pied d'œuvre : vous pouvez commencer par n'importe quel pâté de maisons.

Le prince Pandar ne m'a pas encore répondu, mais dès que j'ai de ses nouvelles, je fais passer le chèque à la clinique de Tug River. En attendant, examinez attentivement les cas mentionnés ci-dessus et si vous êtes représentant d'un pays plus généreux que celui dont je suis citoyen, veuillez s'il vous plaît nous envoyer de l'aide en toute urgence. Les lecteurs américains peuvent envoyer une lettre à USAID, 320 21st Street NW, Washington, DC 20 523 et leur demander d'inscrire les localités mentionnées sur leur liste de pays en voie de développement.

Souvenez-vous, comme disaient les bonnes sœurs, plus vous sauvez de petits païens, plus vous avez de chances de serrer la pince au Tout-Puissant.

10

Alors comme ça, vous voulez tuer le président ?

Je suis étonné que Clinton n'ait pas encore été assassiné. L'hebdomadaire *US News and World Report* a récemment éprouvé le besoin de faire un sondage pour savoir combien de gens éprouvaient une véritable *haine* pour le président des États-Unis. Je ne parle pas de simples désaccords, ou du fait que son style puisse vous déplaire ou que vous ayez envie de le renvoyer dans ses pénates aux prochaines élections. Non, ce dont je parle, c'est dc haine viscérale, le genre de sentiment qui vous tourmente à un point tel que vous finissez par développer d'imperceptibles lésions de votre lobe frontal et que vous vous retrouvez un jour devant une mare de sang, le sang de votre victime. Ça c'est de la haine. Et ça peut commencer rien qu'en écoutant régulièrement un quelconque talk-show radiophonique ultraconservateur.

D'après les services de sécurité de la Maison-Blanche, Bill Clinton serait l'objet d'au moins mille cinq cents menaces de mort « très sérieuses » par an, et ce chiffre a augmenté de 30 % par an depuis 1994. Il semble bien que le président Clinton ait l'intention de battre le record mondial de la cible présidentielle la plus prisée. C'est toutes les cinq heures en moyenne qu'il reçoit une menace définie par les services de sécurité comme « très sérieuse ».

Jugez-en vous-mêmes par quelques exemples :

- Frank Corder vole un avion Cessna, fait route vers la Maison-Blanche et s'écrase dans le mur à une dizaine de mètres à peine de la chambre présidentielle.
- Francisco Duran brandit un fusil semi-automatique depuis le trottoir de Pennsylvania Avenue et arrose la Maison-Blanche de vingt-neuf balles pendant que Clinton est en train de regarder un match de football à la télé.
- Leland William Modjeski réussit à franchir la grille de la Maison-Blanche et à s'approcher à près de quinze mètres de la résidence présidentielle avant d'être intercepté par les services de sécurité. Le pistolet d'un des agents part tout seul et blesse un de ses collègues. À l'intérieur, Chelsea vient juste de finir ses devoirs, maman Hillary est au lit et papa Bill s'autorise une petite clope avec Leon Panetta.
- Marcelino Corniel, un SDF, brandit un couteau devant la Maison-Blanche. Les services de sécurité lui tirent dessus et l'abattent.
- Un assaillant inconnu passe en voiture et arrose la façade de la Maison-Blanche. Des deux balles qui seront retrouvées, l'une a touché le porche des Clinton et l'autre a traversé une fenêtre.

Et ce n'est pas fini. Citons Gloria Ferrell, de Tampa, en Floride, qui proférait des menaces par téléphone ; Ronald Barbour, qui suivait Clinton pendant son jogging ; David Shelby, qui envoyait des lettres piégées en écrivant : « Je te hais... Libère Charles Manson ou je te descends. » C'est le même personnage qui appelait Al Gore au téléphone pour lui demander de céder son poste de vice-président en faveur de Charles « Tex » Watson, le bras droit de Manson, « sinon je te tue après m'être livré sur toi à des sévices de nature homosexuelle ».

L'autoroute de l'information véhicule également toutes sortes de menaces à l'encontre de Bill Clinton :

dans le courrier électronique destiné à la Maison-Blanche, on trouve des messages du genre : « Je vais te faire péter le crâne », ou encore : « Je serais curieux de savoir ce que ça fait, Bill Clinton, d'être le premier président à être tué le même jour que sa femme... Ta fin est proche. Tu peux essayer de fuir, mais tu ne pourras pas m'échapper. » Ce dernier message était signé TOUT.PUISSANT. ET. INSAISISSABLE.

Qu'a donc bien pu faire Clinton pour mériter tout ça ? Commis un génocide ? Provoqué une catastrophe boursière ? Réintroduit la peste bubonique ? Si l'on en croyait les délires de la droite, on pourrait penser que Bill Clinton est personnellement responsable du déclin irréversible de la civilisation occidentale – sans doute pour avoir fumé un joint dans sa jeunesse. Ou pour avoir évité le service militaire. Ou peut-être parce qu'il est un peu coureur de jupons. Et il mériterait la mort pour ça ? Allons, les gars, reprenez vos esprits !

On peut toujours minimiser la chose en disant que toutes ces menaces de mort sont le fait d'une bande de cinglés. Mais si je vous disais que parmi ceux qui les ont proférées, on compte un sénateur, un congressiste, des animateurs vedettes de talk-shows radiophoniques, vous ne trouveriez pas ça plutôt inquiétant ?

En tout cas, moi, ça m'inquiète. Et c'est vraiment arrivé. Et les services de sécurité ne font rien.

Le sénateur en question, c'est Jesse Helms, chef de file de la droite républicaine. Le congressiste, c'est Bob Dornan, élu ultraconservateur d'Orange County, en Californie. Et les autres personnalités en cause sont le célèbre animateur Rush Limbaugh et l'ancien collaborateur de Nixon, G. Gordon Liddy, deux fleurons de la radio ultraréactionnaire, ainsi que le colonel Oliver North, un des principaux accusés dans l'affaire Iran-Contra. Chacun d'entre eux a prononcé des menaces plus ou moins voilées qui laissent entendre à Bill Clinton qu'il ferait mieux d'être sur ses gardes parce qu'il pourrait lui arriver quelque chose de très désagréable.

La plus vicieuse de ces agressions verbales a été commise le 22 novembre 1994 (trente et unième anniversaire de l'assassinat du président Kennedy). Jesse Helms, sénateur républicain de la Caroline du Nord, a proféré ce jour-là la menace suivante : « M. Clinton a intérêt à prendre ses précautions s'il vient nous visiter [en Caroline du Nord]. Il ferait mieux de venir accompagné d'un garde du corps. » Ces propos ont été prononcés deux jours après une autre déclaration du sénateur Helms laissant entendre que les militaires vouaient une haine tenace à Bill Clinton, leur commandant en chef d'après la Constitution, et ajoutant : « Nous avons plein d'installations militaires en Caroline du Nord. » D'après Helms, l'armée reprochait à Clinton d'avoir échappé au service militaire, d'être favorable au recrutement des homosexuels et de vouloir réduire le budget du Pentagone.

Le 26 janvier, le congressiste républicain Bob Dornan a déclaré lors d'une interview sur les ondes de la radio publique : « Je suis impatient de nous voir débarrassés de ce personnage sans épaisseur, [...] la plupart des militaires sont d'accord avec moi. [...] Il était un des principaux dirigeants du mouvement pro-Hanoï. »

Et que dites-vous de ce petit bijou de Rush Limbaugh : « La deuxième révolution violente qu'auront connue les États-Unis n'est plus très loin de se produire, je vous le garantis [...] parce que les gens en ont marre de la tyrannie des bureaucrates. » (Un des fans du programme de Limbaugh, emprisonné pour avoir menacé de mort le président, a déclaré depuis sa cellule apprécier énormément les propos « polémiques » de Rush sur Clinton.)

Quant à G. Gordon Liddy, il s'est vanté d'avoir dessiné des figurines à forme humaine sur des cibles et de les avoir baptisées Bill et Hillary pour améliorer la précision de son tir. Il a également répondu à un auditeur que, quand le FBI frapperait à la porte pour « tuer votre femme et vos enfants [...], servez-vous d'un fusil

Garand M-1 et vous serez débarrassé de vos agresseurs ».

Auditeur : « Ah, oui, et il faut viser la tête... Entre les deux yeux. »

Liddy : « Absolument... Comme ça, leurs gilets pare-balles ne pourront pas les protéger. »

Ça fait près de deux ans que je me pose la question suivante : pourquoi aucun de ces individus n'a-t-il été arrêté en raison des menaces de mort proférées à l'encontre du président ? La loi fédérale est pourtant claire :

> *Quiconque profère consciemment et volontairement une menace de mort à l'encontre du président des États-Unis, ou entend provoquer des dommages corporels sur sa personne [...] sera sanctionné par une amende d'un montant maximal de mille dollars, ou par une peine de prison d'une durée maximale de cinq ans, ou subira simultanément ces deux condamnations. [18 USC Section 871]*

Quand le sénateur Helms prévient le président Clinton de venir accompagné d'un garde du corps s'il entend visiter la Caroline du Nord, je l'interprète comme une menace directe.

La jurisprudence en la matière a permis de définir avec précision ce qu'est une « menace » et j'estime que les propos de Jesse Helms sont suffisamment menaçants pour justifier des poursuites à son encontre.

On peut par exemple citer le verdict prononcé lors du procès *United States v. Patillo*, dans lequel le tribunal a défini une menace comme toute déclaration visant à « inciter des tiers à porter atteinte à l'intégrité physique du président ou à restreindre sa liberté de mouvement ». Comme celle de se déplacer en Caroline du Nord, par exemple. Ou encore le cas *Roy v. United States*, dans lequel le tribunal a déclaré que « même si la menace avait le caractère d'une plaisanterie, l'accusé est coupable de proférer consciemment et volontairement une menace de mort à l'encontre du président des États-Unis » étant donné que cette menace a été proférée « depuis une base de marines, soit en présence de personnel militaire ayant accès à des armes et à des munitions, alors même que le président s'apprêtait à visiter ladite base... ». N'oublions pas que Helms fait justement référence aux nombreuses bases militaires présentes en Caroline du Nord et à la rancœur des militaires envers Bill Clinton.

La loi dit qu'il n'est pas nécessaire de prouver l'intention de mettre la menace à exécution et que le seul fait de la formuler, même *implicitement*, suffit pour qu'on engage des poursuites. Ainsi, d'après un jugement datant de 1918, « l'accusé, après avoir proféré des épithètes insultantes à l'encontre du président Wilson, a souligné qu'il souhaiterait que le président disparaisse en Enfer et que, si c'était en son pouvoir, il se chargerait personnellement de l'y expédier, menace qui constitue un délit ».

Si vous avez commis un délit, vous devez passer en jugement, quel que soit votre degré de repentance. Helms peut toujours prétendre qu'il y a un malentendu et qu'il regrette ses déclarations, ça ne change rien à l'affaire.

La menace proférée à l'encontre du président des États-Unis par le sénateur Helms est sans ambiguïté. Quant aux autres personnages mentionnés ci-dessus, ils ont clairement fait appel à la violence et tenu des propos subversifs en appelant à « se débarrasser » de Bill Clinton et en annonçant qu'on était à la veille d'une « révolution violente ».

Alors pourquoi aucune poursuite n'a-t-elle été engagée contre Helms et compagnie ? À la fin des années soixante-dix, un cinglé est monté dans un bus de Flint et a commencé à proférer des menaces de mort contre Jimmy Carter. Il a été arrêté, jugé et condamné à une peine de prison. Monsieur Helms aurait-il droit à un traitement privilégié simplement en raison de sa qualité de sénateur ?

Mon assistante de recherche, Tia Lessin, a donc décidé d'appeler le bureau des services de sécurité à Washington pour connaître la raison de l'impunité de Jesse Helms. L'agent de service qui a pris son appel a accepté de répondre à ses questions à condition de ne pas révéler son nom. Ses déclarations sont pour le moins surprenantes.

☐ *Je souhaiterais déposer une plainte au sujet d'une menace proférée par le sénateur Jesse Helms à l'encontre du président des États-Unis.*
Effectivement, nous avons vu ça à la télé et nous avons mené notre enquête.
☐ *Vous avez mené votre enquête ?*
Tout à fait.
☐ *Et sur quels motifs d'inculpation a débouché cette enquête ?*
Aucun. Il a présenté des excuses par la suite et déclaré que ses paroles avaient été mal interprétées, qu'il ne s'agissait pas d'une menace, etc.
☐ *Mais, d'après le Code pénal des États-Unis, quiconque profère consciemment et volontairement une menace de mort à l'encontre du président des États-Unis, ou provoque des dommages corporels sur sa personne, « sera sanctionné par une amende d'un montant maximal de mille dollars, ou par une peine de prison d'une durée maximale de cinq ans, ou subira simultanément ces deux condamnations ». Le sénateur Helms a-t-il payé une amende ?*
Non... Nous avons soumis les résultats de notre enquête au procureur, qui a préféré ne pas engager de poursuites, pour des raisons que nous ignorons. Je pense que les choses s'en tiendront là.
☐ *Mais, pour votre part, aviez-vous recommandé que des poursuites soient engagées ?*
Oui.

□ *Vraiment ?*

Oui, nous le faisons systématiquement dans ce genre de cas. Nous prenons ça très au sérieux.

□ *Vous voulez dire que vous étiez suffisamment préoccupés pour recommander des poursuites contre le sénateur Helms, mais que le procureur a décidé de laisser courir ?*

Exact.

□ *Mais c'est une espèce de désaveu de votre travail ?*

En général, leur politique est de considérer si l'intention réelle de l'auteur des menaces était vraiment sérieuse... Si le type en question est ivre au moment de les proférer, il n'y a généralement pas de poursuites.

□ *Le sénateur Helms était-il ivre au moment de proférer ses menaces ?*

Probablement pas.

□ *Il a pratiquement suggéré aux militaires de se débarrasser du président Clinton.*

Tout à fait d'accord avec vous, il s'agissait d'une déclaration parfaitement déplacée.

□ *Parfaitement déplacée et complètement irresponsable, et en plus probablement en infraction avec la loi.*

Vous avez tout à fait raison.

□ *Il a donc commis un délit.*

Exact... Il a vraiment dépassé les bornes. Il est probable que si ce type d'incident se reproduit, des poursuites seront engagées contre lui.

□ *Je sais que vous avez une liste des gens qui ont proféré des menaces contre le président, et qu'une fois sur la liste, on y reste inscrit définitivement. Vous pouvez confirmer ?*

Je confirme.

□ *Suite à cet incident, le sénateur Helms est-il inscrit sur cette liste ?*

Tout à fait.

☐ *Vous avez donc un dossier sur lui. Est-ce que vous le surveillez ?*

Nous gardons un dossier sur toutes les personnes que nous interrogeons, et sur toutes les personnes que nous devons interroger suite à des incidents de ce type.

☐ *Vous avez interrogé le sénateur Helms ?*

Nous l'avons interrogé.

☐ *Combien de fois ? Une fois ? Deux fois ?*

À vrai dire, je n'ai pas relu son dossier récemment, mais je suis pratiquement certain qu'il n'y a eu qu'un seul interrogatoire.

☐ *Je dois vous dire que je suis sacrément rassurée de savoir que vous avez un dossier sur Helms et que vous exercez une certaine surveillance sur ce monsieur.*

Tout à fait.

☐ *Vous examinez toutes ses déclarations publiques dans l'enceinte du Sénat, par exemple ?*

Absolument.

☐ *Et les discours qu'il prononce en Caroline du Nord ou ailleurs ?*

Tout à fait. Nous avons des agents spécialisés qui suivent les débats parlementaires et d'autres qui sont chargés d'analyser minutieusement tout le contenu de la presse et des médias.

☐ *Vous n'étiez pas contrariés que le procureur décide de ne pas tenir compte de vos recommandations ?*

À vrai dire, personne d'entre nous n'a été surpris. On ne s'attendait pas à ce qu'il aille en prison pour ça. Bien sûr, on était contrariés, mais personnellement, je ne m'attendais pas à ce qu'il soit incarcéré.

☐ *Ça vaudrait le coup de faire un exemple de ce type, vu qu'il s'est lui-même exposé à créer un précédent. Ça serait un message extrêmement positif si des poursuites étaient engagées contre lui.*

Tout à fait d'accord avec vous. Mais, comme je

vous dis, il s'agit d'une décision éminemment politique.

☐ *Dites-moi ce que vous pensez de mon idée : au cas où le sénateur Helms récidiverait, je crois que nous devrions tous être vigilants et surveiller de près son comportement et ses discours, au lieu de vous laisser faire le travail tout seuls, vu que vous devez être complètement débordés. Si jamais nous prenons Helms ou un de ses congénères en flagrant délit de menace, comment pouvons-nous vous faire passer l'information ?*

Il vous suffit de contacter le représentant local des services de sécurité. Nous avons des bureaux opérationnels dans la plupart des grandes villes des États-Unis.

☐ *Merci beaucoup. Nous ne manquerons pas de le faire.*

❦

Et voilà, chers lecteurs. À vous de jouer. Si vous entendez le sénateur Helms ou d'autres personnes proférer des menaces contre le président, contactez le bureau local des services de sécurité et portez plainte. Ils ne manqueront pas de prendre votre plainte au sérieux et ont promis de prendre des mesures concrètes.

Avec ça, la prochaine fois que le sénateur Helms l'ouvre un peu trop, il y a peut-être une chance qu'il passe quelques années à compter les cafards dans sa cellule.

11

Pourquoi j'aime les procès à grand spectacle

Il y a un truc que j'ai toujours apprécié chez les communistes chinois, c'est leurs procès à grand spectacle. Ils chopent un type dont ils estiment qu'il a porté tort aux intérêts de l'État et ils lui font un procès dans un stade pour que tout le monde puisse se présenter et dénoncer le traître. Pour la forme, il y a des « procureurs », des « défenseurs » et des « juges », mais tout est organisé d'avance dans l'intérêt du spectacle. Le pauvre type finira au bout d'une corde quoi qu'il arrive.

N'empêche que c'est un divertissement de premier choix qui fortifie l'esprit révolutionnaire des masses, une espèce de catharsis collective qui projette tous les problèmes de la société sur une proie facile. D'ailleurs, ne plaignons pas trop l'accusé, il a sans doute mérité son châtiment. Après tout, nous savons bien qu'aux États-Unis quand la police arrête quelqu'un, c'est qu'il est *forcément* coupable de quelque chose.

Je ne sais pas pourquoi, mais, ces derniers temps, je n'arrête pas de rêver de procès à grand spectacle. Chaque nuit, c'est un nouvel accusé qui comparaît. La scène a lieu dans le futur, après la victoire des forces du bien. Les opprimés sont désormais au pouvoir, et ce sont eux qui mènent la danse.

Toutes les nuits, donc, l'accusé est debout sous les

projecteurs du stade de football des Giants, à New York. Les gradins sont pleins à craquer, quatre-vingt mille spectateurs déchaînés demandent que justice soit faite. Les juges sont installés sur une plate-forme au bout du terrain : il s'agit de John Kennedy Jr., de l'acteur Ed Asner et de la présentatrice de MTV Daisy Fuentes (ne me demandez pas pourquoi ces trois-là). Le procureur est Marlon Brando et l'avocat de la défense, le musicien new age John Tesh (eh oui, la révolution lui a fait grâce de sa vie). Quand il prend connaissance du nom de son avocat, l'accusé demande à assurer sa propre défense.

Pour autant que je puisse me souvenir, voilà ce que j'ai vu en rêve :

Procès nº 1 : Le peuple américain contre *Saturday Night Live*◇

Tous les auteurs et les artistes ayant contribué à cette émission de variétés depuis seize ans sont condamnés à assister à la projection intégrale de tous ses enregistrements depuis 1980. Après quoi ils sont forcés d'y assister une seconde fois. Ceux qui ne peuvent pas fournir d'excuse convaincante pour justifier leur participation à ce spectacle dégradant sont liquidés. (Eddie Murphy est épargné d'office.)

Procès nº 2 : Le peuple américain contre la NRA

Après avoir été déclarés coupables, les dirigeants de la National Rifle Association ont droit à cinq secondes pour se disperser. Au bout de ce laps de temps, une bande de jeunes en colère munis d'armes automatiques commence à les pourchasser et à les cribler de plomb.

Procès nº 3 : Le peuple américain contre Henry Kissinger

Dans ce rêve, le tribunal demande à Kissinger d'expliquer les bombardements massifs et secrets effectués sur son ordre contre un pays neutre, le Cambodge, pendant la guerre du Vietnam. Avant même qu'il ait terminé de se justifier, les juges le condamnent pour crimes de guerre. On lui enlève tous ses vêtements et on le force à se mettre à quatre pattes et à aboyer comme un chien. Il est alors encerclé par un groupe de mutilés de guerre vietnamiens qui le tabassent à mort pendant que Joan Baez fait chanter à la foule des spectateurs une version de *O Happy Day*.

Procès n° 4 : Le peuple américain contre le type qui a inventé le petit ruban argenté que vous n'arrivez jamais à décoller de l'emballage de vos CD

L'inventeur de cet infâme morceau de matière adhésive absolument impossible à détacher est fusillé sur-le-champ.

Procès n° 5 : Le peuple américain contre le sénateur Strom Thurmond

Ce nonagénaire républicain gâteux, réactionnaire et homophobe, refuse de reconnaître l'autorité de la cour et doit être enchaîné et bâillonné pendant tout le procès. Le verdict le condamne à supporter le spectacle de deux hommes enlacés qui échangent un baiser interminable et passionné. (Dans la scène suivante de mon rêve, un médecin en blouse blanche transmet à la famille de Thurmond des explications un peu techniques à propos d'une « rupture d'anévrisme ».)

12

Si Clinton en avait...

Bill Clinton est le premier candidat d'un des deux grands partis pour lequel j'ai voté depuis un bon bout de temps. Pour être précis, ce n'est pas moi qui ai voté pour lui. C'est ma fille, Natalie, onze ans à l'époque, qui voulait visiter l'isoloir, alors je l'ai laissée rentrer et c'est elle qui a mis le bulletin dans l'enveloppe. J'ai appris par la suite qu'il est interdit de faire voter un enfant, mais je ne voulais pas avoir de sang sur les mains, quoi. Il faut dire que ce Bill Clinton me laissait une drôle d'impression. Il me rappelait un peu ce genre de lèche-cul, au lycée, qui voulaient absolument être délégués de classe et qui auraient dit ou fait n'importe quoi pour être élus.

Pendant sa campagne, j'étais allé l'écouter lors de son passage à Flint. J'étais debout au fond de la salle de l'union locale du syndicat et un de ses conseillers m'a aperçu, a chuchoté quelque chose à l'oreille de Clinton et est venu me chercher.

Il m'a dit que Clinton avait vu *Roger et Moi*, film qui l'avait beaucoup impressionné, et qu'il désirait faire ma connaissance. C'était l'occasion de faire une bonne petite photo tous les deux pour la presse locale. J'ai répondu que non, merci. Et, au fait, qu'est-ce que fabriquait Clinton dans une salle appartenant au syndicat, vu le nombre de postes de travail qu'il entendait délocaliser au Mexique ?

Mais le soir de l'élection, en 1992, j'eus le sentiment que l'époque obscure de Reagan et de Bush était en train de prendre fin. C'est comme ça que la petite Natalie – qui justifia son geste en disant qu'« en réalité, elle le faisait pour Hillary » – accomplit pour la première fois son devoir de citoyenne et que Clinton devint notre quarante-deuxième président.

Les cinq premiers jours de la présidence de Clinton m'ont vraiment bluffé. C'était comme si, après des années de traversée du désert républicain, nous touchions enfin la Terre promise. Pendant la première semaine de son mandat, Clinton a signé un certain nombre de décrets et de directives qui semblaient montrer au pays et à la droite qu'il n'avait pas l'intention de plaisanter. D'un coup de plume, il a pris les mesures suivantes :

- Supprimer l'interdiction faite aux cliniques recevant des fonds publics fédéraux d'informer leurs clients sur les possibilités d'IVG.
- Supprimer l'interdiction de pratiquer des IVG sur les bases militaires américaines d'outre-mer.
- Décréter l'autorisation de vente du médicament anticonceptionnel RU-486 sur le territoire des États-Unis.
- Supprimer l'interdiction d'effectuer des recherches médicales sur les tissus fœtaux.
- Réinstaurer le droit à l'aide américaine aux pays ayant légalisé l'avortement.

Je n'arrivais pas à y croire. Clinton prétendait que le jour où il avait fumé un joint dans sa jeunesse, il n'avait pas avalé la fumée. C'est sans doute moi qui avais dû tirer un peu trop fort sur le mien. Les adversaires du droit à l'avortement étaient fous de rage, et moi j'étais aux anges. Cette première semaine était sensationnelle.

Mais les brumes de l'impressionnante gueule de bois politique que je m'étais offerte en imagination n'étaient pas encore dissipées que Clinton se livrait à un exercice de rétropédalage comme on n'en avait plus vu depuis que le télé-évangéliste Jimmy Swaggart avait essayé de justifier à ses fidèles le chèque sans provision avec lequel il avait payé une prostituée.

Premier virage en épingle à cheveux digne d'Ayrton Senna : son recul sur la question du recrutement des homosexuels dans l'armée. Après avoir parlé pendant des mois de mettre fin à cette discrimination officielle, il se repliait sur une position honteuse dans le style « s'ils veulent rentrer dans l'armée, qu'ils restent discrets et on fermera les yeux ». Et puis il a renoncé au grand plan de réforme du système de santé qu'il avait promis de mettre en œuvre pendant les cent premiers jours de son mandat. De fait, au bout de cent jours, il était le seul patient du pays à avoir accès à un médecin gratuitement. Un an plus tard, lors de son discours sur l'état de l'Union, il brandit un stylo devant les caméras en disant : « C'est avec ce stylo que je signerai mon veto à tout projet de réforme du système de santé qui ne prévoie pas une couverture sociale intégrale pour tous les Américains. » Six mois plus tard, il ne parlait plus d'une couverture à 100 % mais à 95 %. À la fin de l'année, il se déclarait ouvert à tous les compromis.

Peut-être qu'il avait perdu son stylo. Ou qu'il se l'était fait piquer par le candidat républicain Bob Dole. En 1994, les congressistes démocrates annonçaient officiellement la mort de la réforme du système de santé.

La liste des volte-face commençait à devenir gênante. À peine avait-il proposé le nom d'une juriste afro-américaine progressiste au poste de responsable pour les droits civiques du ministère de la Justice qu'il s'empressait de lui demander de retirer sa candidature au premier coup de gueule des républicains, prétextant qu'il n'avait pas lu certains écrits « subversifs » de la dame.

C'est avec le même courage qu'il retira son soutien à son premier ministre de la Santé, le docteur Jocelyn Elders, après que celle-ci eut déclaré que les adolescents devaient être informés au sujet de la masturbation et que la légalisation de certaines drogues était envisageable. Ouh la la ! Sexe, drogue et retour à la case départ sur un air de rock'n'roll pour Jocelyn la téméraire. Un os de plus à ronger pour les républicains.

Mais ces derniers étaient vraiment assoiffés de sang, et le remplaçant de Jocelyn Elders, le docteur Henry Foster, allait être leur prochaine victime. En moins de temps qu'il ne faut pour prononcer le mot « trimestre », il était viré. Son crime ? Il avait pratiqué des avortements. En toute légalité. Au lieu de conseiller aux fanatiques anti-IVG d'aller se faire voir ailleurs, Clinton traîna des pieds, courba la tête et battit à nouveau en retraite.

Et ces reniements n'étaient pas limités à la politique intérieure. Pendant la campagne, Clinton avait dénoncé comme « illégale » la politique d'expulsion des réfugiés haïtiens menée par Bush. Mais il avait à peine fini d'écouter les dernières notes du salut de la garde présidentielle qu'il ordonnait aux gardes-côtes de botter les fesses à tous les Haïtiens qu'ils pouvaient repérer en mer et de les réexpédier direct à Haïti.

Clinton avait également reproché à Bush de « chouchouter » le régime de Pékin et de mettre les intérêts économiques des États-Unis en Chine avant la défense des droits de l'homme. Une fois installé dans son grand fauteuil du bureau ovale, que croyez-vous que fit l'ami Bill ? Ce que tout bon plouc sudiste qui se respecte fait quand il étrenne une nouvelle bagnole : un virage à 180 degrés sur les chapeaux de roues ! « Youuuuuuupie yahouuuuuuu ! À nous les petits Chinetoques ! On a des affaires à faire ! »

Ce brave Texan de George Bush a dû en tomber à la renverse sur son barbecue.

Et le passé pacifiste de Bill, vous vous rappelez ? Pendant la campagne, j'avais admiré la façon dont il avait tenu tête à tous ces crétins patriotards et leur avait répondu en substance : « Eh oui, parfaitement, il n'était pas question que j'aille me battre au Vietnam, et j'étais prêt à lécher le cul de tous les officiers de réserve du pays pour être certain que je n'aurais jamais à tirer sur un Vietnamien. » Et pendant toute la durée de la campagne, il n'avait pas cédé d'un pouce sur la question. Dans les années soixante, si vous n'étiez pas un fils à papa, il fallait être sacrément malin pour battre l'Oncle Sam à son propre jeu, surtout quand ce brave tonton voulait vous offrir en sacrifice sur l'autel d'un pseudo-patriotisme. Pour avoir échappé à la boucherie dans ces circonstances, Clinton méritait bien d'être président.

Mais voilà qu'à peine deux ans après avoir été élu, cet ancien hippy, ou presque, augmente de 25 milliards de dollars le budget du Pentagone, allant même jusqu'à faire cadeau aux militaires d'un bombardier B-2 supplémentaire que son propre ministre de la Défense lui avait décrit comme de l'argent jeté par les fenêtres. Où est passé le temps des fleurs, Bill ?

Et on pourrait penser que, quand les républicains ont obtenu la majorité au Congrès en 1995, Clinton aurait été sur le pied de guerre, prêt à les combattre. Eh bien, pas du tout ! Il a fini par retrouver le foutu stylo du plan de réforme de santé et il s'en est servi pour approuver aussitôt les deux premiers projets de loi présentés par les républicains. Il a ensuite promis d'examiner favorablement les autres projets que ceux-ci lui enverraient.

Il y a bien eu un bref moment où j'ai pu croire que Clinton avait enfin compris pourquoi nous l'avions envoyé à Washington. Après l'attentat d'Oklahoma City, il a commencé à fustiger la campagne de haine que les républicains avaient menée au cours des mois précédents et il a eu le courage de dénoncer publiquement le lien entre ce climat malsain et l'horrible attentat commis par Timothy McVeigh. Il sut tenir tête avec fermeté à la NRA, aux tarés des talk-shows radiophoniques ultraréactionnaires et à tous ceux qui avaient contribué à propager le mépris du gouvernement fédéral. L'attentat avait fait cent soixante-huit victimes entre les employés fédéraux et leurs enfants, et Clinton ne comptait plus ses coups. Ça faisait plaisir à voir. Et quel fut le résultat de cette agressivité retrouvée ? LA DROITE FIT MARCHE ARRIÈRE ! Les républicains étaient sur la défensive, en pleine débandade, et passèrent le reste de l'année la queue entre les jambes. Leur offensive législative tomba en panne et tous leurs efforts pour réduire l'État fédéral à sa plus simple expression se transformèrent en véritable Waterloo.

Clinton aurait pu retenir la leçon de cette victoire. Mais, à l'approche des élections de 1996, il commença à s'exprimer de plus en plus comme un républicain. Son discours sur l'état de l'Union reçut les éloges de la presse pour son habileté à récupérer les thèmes fétiches des républicains : « l'ère de l'État omniprésent est terminée », déclara-t-il. (Hé, mon p'tit gars, n'oublie pas que tu dois *toute ton existence* à l'« omniprésence » de l'État. Depuis le boulot de ta mère à l'hôpital du comté jusqu'à tous les postes que tu as occupés depuis que tu es adulte en passant par tes bourses universitaires, tu es le produit intégral de la mansuétude qui s'exprime à travers l'« omniprésence » de l'État.)

Mais qu'est-ce que Bill Clinton a dans le pantalon ? Ce type devrait avoir honte, et il a de quoi faire honte à ceux qui ont voté pour lui. La plupart des citoyens de ce pays ont du mal à éprouver le moindre respect envers lui. On aimerait bien le trouver sympa – après tout, il vient du même milieu prolétarien de l'Amérique profonde que la plupart d'entre nous. Quand il nous montre l'aspect le plus sincère de sa personnalité de brave plouc bouffeur de Big Macs et souffleur de saxophone, on se prendrait volontiers à l'adorer. Mais on dirait qu'il y a une petite voix dans sa tête qui n'arrête pas de lui susurrer : « Sois modéré, Bill, sois modéré, et les gens t'aimeront. »

Bill, si tu lis ces pages, loue les services d'un exorciste et tue le démon qui est en toi ! La vérité vraie, c'est qu'à l'heure actuelle les Américains ne veulent pas de modération, ils veulent de l'action et de l'agressivité. D'après une enquête sur les élections législatives de 1994 menée par Leonard Williams et Neil Wollman, du

Manchester College, dans l'Indiana, tous les candidats démocrates qui essayaient d'adopter un profil plus conservateur étaient *battus* ! C'étaient ceux qui restaient fidèles à leurs idées progressistes qui étaient élus – en particulier dans les circonscriptions considérées comme les plus vulnérables pour les démocrates. L'enquête en concluait que « le fait d'être clairement sur des positions progressistes plutôt que d'adopter un profil de démocrate modéré augmentait significativement les chances d'être élu ».

En d'autres termes, l'opinion déteste le centrisme mou, et n'a nullement confiance en ceux qui le pratiquent.

Bill, tu te trompes si tu crois qu'en essayant de séduire l'électorat blanc conservateur modéré, tu vas pouvoir être réélu. Tu es complètement à côté de la plaque. Oublie ces gens-là, ils ont déjà un parti qui s'appelle le parti républicain et rien de ce que tu peux t'évertuer à dire ou à faire ne saurait les convaincre de t'aimer. Est-ce que tu te rends compte qu'à part Lyndon Johnson aucun président démocrate depuis Roosevelt n'a réuni les voix de la majorité de l'électorat masculin blanc ? Ni Truman, ni Kennedy, ni Carter, ni toi. Ils ont tous gagné, et toi avec eux, en rassemblant l'écrasante majorité des voix des femmes, des électeurs non blancs et d'une fraction *minoritaire* des hommes blancs. Alors tu ferais mieux de te concentrer sur les besoins des femmes, des Noirs, des Hispaniques et du genre de Blancs qui partagent mes opinions. Ça te permettra de passer à la postérité comme quelqu'un qui a su servir le pays.

Bill, si tu avais eu le courage de tes convictions, tu aurais fini par te convaincre toi-même que tu avais vraiment *gagné* les élections en 1992, et il t'aurait suffi d'envoyer aux républicains ce message simple et clair :

C'est moi qui ai raison et c'est vous qui avez tort. Et maintenant vous allez filer doux, parce que c'est moi qui mène la danse. Et vous avez intérêt à suivre le rythme. C'est à prendre ou à laisser, et si ça ne vous plaît pas, vous pouvez toujours essayer de me virer dans quatre ans. Mais, en attendant, le peuple s'est prononcé, et il a dit qu'il en avait plein le dos de Bush et de Reagan et de leur politique. Alors fermez-la et bonsoir !

Mais vous avez entendu Clinton leur parler comme ça ? Pas moi, en tout cas. Il n'y a que Reagan qui était capable de tenir ce genre de discours, et ce dès le début de son mandat. Quand il a failli se faire descendre au bout d'un mois par un dénommé Hinckley, il est sorti de l'hôpital en ayant encore plus les boules et on en a bavé pendant toutes les années quatre-vingt. Mais Reagan en avait, pas Clinton, et c'est comme ça qu'on s'est fait avoir.

Quelle honte ! Quel gâchis ! Et quelle mauviette, ce Clinton !

13

Steve Forbes est un extra-terrestre

Qui est Steve Forbes◊ ? D'où vient-il ? Où va-t-il ?

Jusqu'en 1996, je n'avais jamais entendu parler de lui. Je connaissais l'existence de *Forbes*, un hebdo économique pour les riches. J'avais même eu l'occasion de rencontrer son père présumé, Malcolm Forbes, qui s'était déplacé en moto pour assister à la première de *Roger et Moi* à New York et m'avait agoni d'injures. Mais Steve ?

Lors des primaires de 1996, Steve Forbes a dépensé trente millions de dollars de sa poche pour se frayer une voie vers les urnes et pénétrer la conscience du peuple américain. Mais ce type cachait quelque chose, quelque chose qui va bien au-delà de l'habituelle bizarrerie des politiciens, quelque chose… d'étrange.

Et puis, un soir, j'ai vu une interview de Steve Forbes à la télé. Au moment où le journaliste lui posait une question, il s'est passé quelque chose d'extraordinaire : Forbes est resté une minute et demie SANS CLIGNER DES YEUX UNE SEULE FOIS ! Je vous le jure !

Trouvant ça passablement anormal, j'ai appelé l'hôpital de Mount Sinai, à New York, et demandé le département d'ophtalmologie. J'ai interrogé l'interne de service : combien de fois par minute les êtres humains doivent-ils cligner des yeux ? Il m'a répondu que nous étions obligés de battre des paupières au moins toutes les quinze secondes. J'ai aussi téléphoné au cabinet d'un optométriste, le docteur Stuart Blankman, qui m'a confirmé la chose. Il m'a expliqué qu'une personne normale cligne des yeux entre douze et quinze fois par minute, et qu'on peut maintenir les yeux constamment ouverts un maximum de vingt secondes : « Mais je ne crois pas qu'on puisse se contenter de cligner des yeux une seule fois en trente secondes. »

J'ai rappelé le médecin de l'hôpital, et il m'a expliqué que maintenir les yeux grands ouverts pendant une minute provoquerait une émission de larmes involontaire. Je lui ai dit que Forbes était resté plus d'une minute avec les paupières parfaitement immobiles.

« C'est impossible, m'a-t-il répondu, vous avez sans doute vous-même cligné des yeux pendant que Forbes clignait des yeux, ce qui explique que vous ne l'ayez pas vu. Rester aussi longtemps sans cligner des yeux, c'est humainement impossible. »

Vous avez dit « humainement » ?

Le jour suivant, Forbes était interviewé sur CNN, et voilà que ça recommençait – PAS UN BATTEMENT DE PAUPIÈRES ! J'ai dit à Kathleen, ma femme, de venir voir la télé.

« Regarde, fais bien attention. Tu le vois cligner des yeux ? Il ne cligne jamais des yeux, pas vrai ?

— Non, effectivement, ses paupières ne bougent pas », répondit Kathleen, qui entendait bien retourner à des occupations qu'elle jugeait plus urgentes.

« Tu l'as dit : elles ne bougent pas d'un millimètre. *Elles restent parfaitement, constamment, éternellement immobiles ! Ce type n'est pas humain !* »

Feignant la panique, Kathleen hurla : *« Alors, pour l'amour de Dieu, ne le regarde surtout pas dans les yeux ! »*

Je détournai aussitôt les yeux, me concentrant seulement sur la morne litanie qu'il récitait comme sous hypnose : « Trop d'impôts... trop d'impôts... trop d'impôts... trop d'impôts... trop d'impôts... trop d'impôts... trop d'impôts... »

J'éteignis la télé – mais il était déjà trop tard. Le pays tout entier reprenait en chœur ce mantra entêtant : « Trop d'impôts... trop d'impôts... trop d'impôts... » Dans le New Hampshire, les sondages donnaient Forbes gagnant contre le favori républicain, Bob Dole. Comment était-ce possible ? Étais-je le seul à savoir ? Il fallait absolument que les civilisations du futur apprennent la vérité sur notre triste sort.

Je cite à partir de mon journal, 2 avril 1996 :

Vers la fin du deuxième millénaire, des millions de Terriens commencèrent à disparaître. Au début, on a appelé ça « dégraissage ». On croyait que c'était la faute des riches. Ce qu'on ne savait pas, c'est que ces êtres connus sous le nom de « P-DG » étaient en fait des envahisseurs venus d'une autre planète. On aurait pourtant dû s'en douter. Ils étaient tous abonnés à un hebdo qui portait le nom de leur chef, Forbes. On aurait dû voir venir la catastrophe. Bientôt, tout le monde a fini par être « dégraissé ». Je fais partie des quelques survivants susceptibles de témoigner du sort atroce de notre civilisation...

La semaine suivante, j'étais à Des Moines, dans l'Iowa, quatre jours avant les primaires locales. Je pris mon courage à deux mains et me décidai à visiter le quartier général de campagne de Forbes et à le démasquer. Forbes était absent, mais un de ses assistants accepta de venir me parler à l'extérieur.

Je lui demandai son nom.

« Je m'appelle... Chip Carter. »

Chip Carter ! Mon Dieu, ils s'étaient emparés du corps du fils de l'ex-président Jimmy Carter ! J'essayai de garder mon calme et de ne pas trahir le fait que je connaissais sa véritable identité.

« Je voudrais savoir d'où vient Steve Forbes », lui demandai-je, tout en sachant qu'il ne pouvait sans doute pas me dire la vérité sans violer les instructions de leur vaisseau amiral.

« De par là-bas », et il pointa son doigt en direction du ciel ! (Je vous jure que tout s'est passé exactement comme je le décris. Vous pouvez en demander confirmation aux étudiants de la chaîne de télévision de l'université de l'Iowa, à Ames. Ils étaient présents et ont assisté à la conversation.)

Je continuai à interroger le soi-disant « Chip », non sans trahir une certaine nervosité.

« Et… ça fait longtemps qu'il est… qu'il est… dans les parages ?

— Ça fait vingt-huit jours qu'il *ratisse le terrain.*

— Quelle est sa prochaine destination ?

— L'Oklahoma.

— Et vous ?

— J'attends les ordres du quartier général. »

C'est là qu'il interrompit brusquement la conversation, peut-être conscient du fait qu'il avait dévoilé un peu trop d'informations à un Terrien. Était-il capable de deviner d'un seul regard que je n'avais pas encore été « dégraissé » ? Ce soir-là, dans ma chambre de l'hôtel Ramada Inn, je n'en menais pas large.

Quelques semaines plus tard, Steve Forbes disparut soudainement. Avait-il rencontré une trop grande résistance de la part des forces du bien ? Il avait quand même conquis deux États, le Delaware et l'Arizona – et je vous garantis que je ne suis pas près d'y mettre les pieds ! Après une brève apparition soporifique à la télé un samedi soir, où je jure que je l'ai vu affublé d'une perruque abondante et d'un T-shirt d'Aerosmith (sans doute une ruse pour attirer les jeunes et leur subtiliser leur substance cérébrale), on n'a plus jamais entendu parler de lui.

Cet homme étrange reviendra-t-il un jour ? Je n'en sais rien. Mais son hebdomadaire existe toujours. Notre seul espoir est une éternelle vigilance. Prenez garde aux envahisseurs qui vous promettent des réductions d'impôts !

Parents, je vous aurai prévenus.

14

Luttons contre la délinquance !

Jouons au jeu des associations d'idées. Je vous donne un mot, et vous me dites la première chose qui vous passe par la tête. Vous êtes prêts ?

Criminalité.

« Meurtre ! »

« Cambriolage ! »

« Vol de voitures ! »

Criminel.

« Un grand Noir balèze ! »

« Un cinglé qui lance une camionnette bourrée d'explosifs contre un bâtiment public ! »

Excellent. Vous avez parfaitement identifié les idées reçues concernant l'insécurité et la délinquance. Et le FBI abonde dans votre sens. Chaque année, il publie des volumes de statistiques sur tous les malfaiteurs qui nous agressent, nous détroussent et nous cambriolent.

L'insécurité est un problème éminemment politique et une des principales préoccupations des électeurs. Les politiciens s'en prennent volontiers à la délinquance pour gagner des voix et ne cessent de présenter des projets de loi censés nous débarrasser des malfrats en les mettant tous derrière les barreaux et en jetant la clé.

Nous sommes devenus un pays de paranos, avec

triples serrures de sécurité et antivols inviolables, toujours prêts à affronter les pires éventualités.

Et si je vous disais que nous sommes aveugles à un danger encore plus grand, une menace tellement sinistre qu'elle fait cent fois plus de dégâts que tous les gangs du Bronx et de Los Angeles réunis ? Le pire, c'est que les malfaiteurs en question ont l'air parfaitement civilisés et se font passer pour des personnes de confiance entièrement dévouées à notre bien-être. Et même quand ils nous ont copieusement escroqués, ou qu'ils ont provoqué la mort d'un être cher, nous continuons à les honorer de notre confiance.

Si je vous disais, donc, que la criminalité économique – la « délinquance en col blanc », comme on dit dans les journaux – fait *plus de morts* et vous coûte *plus d'argent* chaque année que tous les autres crimes de droit commun ? Ça vous paraît incroyable, non ? Et pourtant, c'est la vérité. D'après Russell Mokhiber, éditeur du *Corporate Crime Reporter*, en 1994, l'ensemble des vols et cambriolages commis sur le territoire des États-Unis nous a coûté quatre milliards de dollars, tandis que les malversations des délinquants en col blanc ont représenté pour la société une perte de deux cents milliards de dollars ! Vous voulez d'autres chiffres ? Il y a eu quinze mille morts provoquées par des armes à feu l'année dernière. De leur côté, les accidents du travail et les maladies professionnelles ont fait plus de cinquante-six mille victimes.

Mais ces chiffres nous laissent froids, alors que nous sommes indignés quand un voyou sort son flingue et descend un caissier derrière son comptoir. Et pourtant, si le même caissier succombe à un incendie parce que son patron a sciemment négligé de faire réviser son installation électrique, nous n'éprouvons pas la même indignation. Même chose quand un salopard pénètre chez nous par effraction et nous pique notre chaîne hi-fi, nous avons envie de l'étrangler. Mais, quand le fabricant de ladite chaîne hi-fi conspire avec d'autres entreprises pour empêcher la baisse du prix des CD, en nous extorquant au passage quelques centaines de dollars, pourquoi ne ressentons-nous pas le même besoin de faire justice ?

Nous nous sommes laissés convaincre que l'insécurité est le principal danger qui nous menace, et nous avons d'autant plus de raisons d'en être convaincus si nous faisons partie de la classe moyenne blanche, vu que la plupart des délinquants sont d'une autre race ou d'un autre milieu social. Ils font donc de parfaits boucs émissaires pour notre frustration.

Nous nous sommes également laissés convaincre que les chefs d'entreprise sont des espèces de divinités qui garantissent la prospérité de notre pays. Mieux encore, nous sommes persuadés qu'en travaillant dur nous pouvons tous les rejoindre dans leur Olympe !

Il est temps de redéfinir la notion de criminalité. Quand les dirigeants d'une caisse d'épargne délestent un couple de retraités de leurs économies, c'est un acte criminel. Quand une entreprise déverse des produits toxiques dans l'eau ou dans l'atmosphère, provoquant une catastrophe écologique qui finit par faire des milliers de morts, c'est un acte criminel. Quand le P-DG d'une industrie d'armement escroque l'État et les contribuables en surfacturant un contrat, c'est un acte criminel. Et quand un fabricant d'automobiles décide d'économiser quelques centaines de dollars sur les dispositifs de sécurité d'un véhicule, provoquant ainsi la mort de dizaines de personnes, c'est un acte criminel de la plus extrême gravité.

Ces crimes en col blanc devraient être sévèrement punis, plus sévèrement même que ceux des autres délinquants. Pourquoi ? Parce que contrairement à pas mal de criminels qui enfreignent la loi parce qu'ils sont complètement défoncés ou parce qu'ils vont tellement mal dans leur tête qu'ils sont incapables de s'en sortir par des moyens honnêtes, le délinquant en col blanc sait *exactement* ce qu'il fait et pourquoi il le fait. Son mobile exclusif est le profit.

Quand un délinquant en costume trois pièces nous

fait les poches, ce n'est pas pour payer son bifteck quotidien ou son loyer. C'est parce que toute la richesse qu'il a accumulée *ne lui suffit pas*. Il veut une villa en Provence. Il veut investir dans une deuxième mine de diamants en Afrique du Sud. Le yacht de son principal concurrent est plus gros que le sien et ça le rend malade.

À mon avis, ce type est mille fois plus criminel et *immoral* que le salopard qui m'a piqué ma télé couleurs.

(Dans un souci de transparence, et pour que vous ne croyiez pas que je nourris une secrète tendresse pour les petits délinquants, j'ai le plaisir de vous communiquer que j'ai été la digne victime de sept vols avec effraction et d'un incendie sur mon lieu de travail, que j'ai été renversé par un automobiliste en état d'ivresse, ce qui m'a valu un bras cassé, que j'ai été menacé une fois par un type armé d'un couteau et une autre fois par un autre type armé d'un fusil, et qu'à l'âge de quatorze ans j'ai été dépouillé de trente-sept cents en plein milieu de Times Square par un troisième type également armé d'un couteau. Bref, je déteste tous ces connards et je ne demande pas mieux qu'on me débarrasse le plancher de tous les dangers publics et qu'on les envoie se faire voir ailleurs, en tout cas loin de chez moi.)

On a tous connu ça. Mais le problème est ailleurs : est-ce que nous avons le courage et l'intelligence de comprendre que la « criminalité », ce n'est pas *que* ça ?

C'est pour ça que j'ai inventé le poulet Crackers, la mascotte de mon émission de télévision, *TV Nation*, un super-héros qui combat la délinquance en col blanc. Les flics ont leurs superchiens policiers, toujours à l'affût des criminels de rue, mais quel animal nous défend contre la criminalité capitaliste ? Avec Crackers, nous avons fait une tournée à travers tout le pays, et notre superpoulet a eu un succès phénoménal. Partout où il allait, il appelait les citoyens à dénoncer la délinquance en col blanc sévissant dans leur région, et des milliers de gens s'agglutinaient autour de son supervéhicule d'intervention anticapitaliste. Il y avait un tel attroupement à Daley Plaza, à Chicago, pour assister à l'arrivée de Crackers, que la police a dû disperser la foule. Le numéro d'appel gratuit de Crackers a reçu plus de trente mille dénonciations. Je n'ai jamais vu une chose pareille. J'ai compris que l'Amérique était vraiment prête à affronter les escrocs en col blanc qui font régner l'insécurité dans nos vies, dans nos foyers et sur nos lieux de travail.

15

Comment j'ai syndiqué mes assistantes

Pour écrire ce livre, j'ai dû embaucher deux assistantes de recherche, Gillian Aldrich et Tia Lessin. Aucune d'entre elles n'est syndiquée. Bon, je sais ce que vous allez me dire : « Arrête ton char, Mike, tes salariés ont pas besoin de syndicat ! Sûr que l'ambiance est supercool, dans ta boîte, ça doit être la java non-stop pour le prolétariat ! »

Exact, sauf que mes assistantes n'ont aucun droit sur ce livre, qu'elles n'auront aucune part aux bénéfices éventuels que j'en tirerai, qu'elles ont de longues journées de travail et que je peux les virer quand ça me chante. Elles ne sont absolument pas protégées, et j'ai beau être convaincu d'être le plus brave type du monde, elles sont totalement à ma merci. Notre association n'étant pas un partenariat négocié sur un pied d'égalité, c'est moi qui suis du côté du manche et qui peux leur imposer mes caprices.

C'est pourquoi Tia et Gillian, comme tous les travailleurs, ont besoin d'être défendues. La représentation syndicale est une forme d'égalisation des chances. Les idéaux fondateurs de notre pays reposent sur un principe fondamental d'équité : tous les citoyens doivent être traités dignement et avoir leur mot à dire sur toutes les questions qui affectent leur vie quotidienne.

Pourquoi abandonnons-nous ce principe quand nous franchissons les portes d'une entreprise ? Nous sommes pourtant toujours en Amérique. Ou bien faut-il croire que les droits énoncés par Jefferson dans la Déclaration d'indépendance, « la vie, la liberté et la poursuite du bonheur », sont suspendus entre neuf heures du matin et cinq heures du soir (ou six heures du soir, ou parfois même sept ou huit heures du soir) ?

J'ai donc entrepris d'organiser mes deux collaboratrices. J'ai encouragé Tia et Gillian à chercher un syndicat qui les défende et leur ai dit que je reconnaîtrais leur adhésion et négocierais les termes d'une convention collective avec leurs représentants. Elles étaient tout excitées par cette perspective (certains diraient même un peu *trop* excitées) et ont donc initié leurs démarches militantes.

La triste réalité qu'elles ont découverte au cours des quelques mois qui ont suivi en dit long sur ce qui va mal dans le syndicalisme américain.

Elles ont d'abord appelé la Writers Guild. Leur raisonnement était simple : on travaille sur un bouquin, donc un syndicat d'écrivains devrait faire l'affaire. À quoi leur interlocuteur leur a répondu : « Désolé, la Writers Guild ne représente pas les travailleurs du secteur du livre, mais seulement les auteurs des médias audiovisuels et de l'industrie cinématographique. » Il leur fut donc suggéré de s'adrcsser à une autre organisation, l'Authors Guild.

Nouveau coup de téléphone. Nouvelle déception : l'Authors Guild n'était pas vraiment un syndicat. « Nous nous contentons de fournir aux auteurs un certain nombre de services, du genre conseils juridiques. » Qu'elles se renseignent donc auprès de l'Association of American Publishers.

Sauf que l'AAP, qui représente les dirigeants et les propriétaires des divers groupes de presse et d'édition, n'a pas vraiment la fibre syndicale.

Un ami de Tia leur a alors conseillé de voir du côté de la National Writers Union. J'en avais entendu parler comme d'une organisation plutôt sympathique et progressiste. Mais, quand Tia a appelé leurs bureaux de New York un lundi à deux heures de l'après-midi, elle est tombée sur un répondeur automatique. Elle a donc laissé un message, expliquant qu'elle cherchait à se syndiquer et que c'était urgent. Quatre mois plus tard, elle n'avait toujours pas de réponse.

Passablement exaspérées, elles ont décidé d'appeler la section locale du syndicat des travailleurs de la mer à Brooklyn. Elles ont expliqué qu'elles partageaient la même passion pour les activités aquatiques et qu'elles avaient toutes deux un T-shirt rayé bleu marine. Leur interlocuteur, un « officier portuaire », leur répondit qu'elles devaient se procurer un « certificat maritime » et que la seule façon d'en obtenir était de s'inscrire aux gardes-côtes.

Elles ont donc appelé les gardes-côtes. Personne au bout du fil. Autant pour la sécurité nationale.

Elles ont également essayé le syndicat des dockers. Le responsable leur a répondu qu'elles devaient d'abord obtenir un certificat de la commission portuaire. Mais le type de la commission portuaire leur a dit qu'il ne délivrait plus de certificat à personne, « pas même au maire de New York ». Voilà une réponse sans ambiguïté.

Elles ont donc jeté leur dévolu sur le syndicat de machinistes. (Tia et Gillian passent une bonne partie de leur temps à essayer de faire marcher le fax du bureau, on pouvait donc penser qu'elles seraient acceptées comme machinistes.) Cette organisation avait l'air intéressée par leur candidature, mais exigeait trois cents dollars de frais d'adhésion, ce qui équivaut quand même au budget bouffe du mois.

Ce n'était pas plus brillant du côté des autres syndicats. Tia se mit en contact avec l'organisation des travailleurs de l'hygiène. Le responsable lui demanda pour quelle entreprise de ramassage des ordures elle travaillait.

« L'éditeur Random House.

— Ça n'a rien à voir avec les ordures.

— Ben, si. On publie Joan Collins, l'actrice de *Dynasty*.

— Nos règlements sont très précis. Vous devez *ramasser* les ordures, pas les produire. »

Il la renvoya aux sections locales 1 034 et 840 du célèbre syndicat des Teamsters◊, qui représentent toute une série de professions hétérogènes, depuis les travailleurs des champs de courses jusqu'aux gardiens de cimetières et aux infirmières des banques du sang. Elle avait l'impression de toucher au but.

Les responsables de la section 840 étaient ravis de l'adhésion de Tia et Gillian. Tout ce qui me restait à faire, c'était de négocier la convention.

Mais toutes ces démarches avaient pris tellement de temps que je n'ai pu enfin prendre contact avec leur représentant syndical qu'après que mes deux assistantes eurent fini de travailler sur mon livre. C'est vrai quoi, pourquoi on se bougerait spécialement les fesses pour deux salariées non syndiquées quand il y en a cent huit millions aux États-Unis !

Malgré tout, je ne perds pas espoir. Plus les capitalistes américains s'emploient à détruire le rêve américain de millions de travailleurs, plus ils les poussent à s'organiser. Et certains syndicats se sont récemment dotés de leaders plus combatifs. Dans un article récent de l'hebdomadaire *The Nation*, l'historien Peter Rachieff, spécialiste du mouvement ouvrier, expliquait que, dans les années vingt, le pourcentage des travailleurs syndiqués était passé de 20 % à 10 %. On pensait que c'était la fin du syndicalisme. À l'époque, comme aujourd'hui, 1 % de la population gagnait plus que le revenu global des 40 % les moins fortunés. L'époque des grèves paraissait révolue, et les dirigeants syndicaux incitaient leur base à « agir avec prudence et coopérer avec la direction ». Les salaires stagnaient, les horaires de travail s'allongeaient et Wall Street était ivre de spéculation.

Mais l'heure de la revanche a fini par sonner. La Bourse s'est effondrée et, en moins de dix ans, des millions d'Américains étaient entrés en grève et avaient formé de nouveaux syndicats plus forts que les anciens, arrachant de haute lutte de meilleures conditions de vie. Alors pourquoi pas aujourd'hui ?

En plus, maintenant, avec tous ces licenciements de cols blancs et de cadres supérieurs, on risque même de voir nos anciens patrons participer aux piquets de grève avec nous. Ça vaudra presque le coup d'en avoir autant bavé pour assister à un tel spectacle !

Au passage, je vous signale que l'édition de poche américaine de ce livre est publiée par la seule grande maison d'édition qui accepte les syndicats, Harper-Collins. Ce n'est qu'un petit pas, mais à force de petits pas…

16

Leur budget et le nôtre

Lors des élections de 1996, le prix de l'innocence aurait dû être accordé au candidat républicain Bob Dole. Encore sous le choc de son échec face à Pat Buchanan aux primaires du New Hampshire, Dole déclara qu'il n'avait pas réalisé à quel point les électeurs étaient préoccupés par la situation de l'emploi et de l'économie. Waouuu ! Au suivant !

Il est vrai que le cher Bob avait passé l'essentiel de l'année précédente à faire de la réduction du déficit une priorité absolue. Lors du vote symbolique qu'il avait suscité avant de démissionner de son poste au Sénat, Dole avait exigé que l'obligation de préserver l'équilibre budgétaire soit l'objet d'un amendement à la Constitution. Auparavant, lui et ses amis républicains avaient par deux fois voté d'importantes coupes budgétaires, convaincus que le peuple américain se rallierait à leur cri de bataille, RÉDUISONS LE DÉFICIT !

Aïe ! Grosse erreur. L'équilibre budgétaire, l'Américain moyen n'en a absolument rien à cirer, vu *qu'il est trop occupé à essayer d'équilibrer le sien, de budget* ! Mais Dole n'en revenait pas de constater que les Américains se faisaient du mouron à cause de l'Accord de libre-échange nord-américain et de quelques autres bagatelles qui leur avaient coûté leur emploi. Dans quel monde vit ce type ?

Le débat sur l'équilibre budgétaire – dont Clinton a irresponsablement accepté les termes – n'est qu'une diversion grâce à laquelle les politiciens essaient de nous faire oublier les vrais problèmes du pays. Sont-ils vraiment assez stupides pour croire que nous sommes obsédés par le déficit ? Et notre déficit *à nous* ?

Le salarié américain moyen gagne 14 420 dollars par an. Le revenu d'un ménage moyen est de 30 000 dollars par an, et ses dépenses annuelles sont de 33 000 dollars. Ce qui nous fait un déficit de 3 000 dollars. Par les temps qui courent, qui peut se permettre le luxe d'un budget équilibré ? Le niveau d'endettement global des consommateurs américains est proche de 5 000 milliards de dollars, soit à peu près le montant de la dette fédérale !

Les temps sont durs. Les gens essaient de survivre entre deux chèques de fin de mois. La plupart ne se soucient même pas d'équilibrer leurs comptes. À quoi bon ? C'est pratiquement impossible.

Il suffit de jeter un œil sur le budget mensuel d'une famille moyenne.

Prenons Bob et Debbie Davis, de San Diego, Californie. Ce sont des amis de ma sœur. Ils ont deux enfants et gagnent à eux deux 48 444 dollars par an [1]. Eh bien, ils n'arrivent pas à équilibrer leur budget. Il y a vraiment quelque chose de pourri dans un pays où une famille normale n'arrive pas à vivre avec quarante-huit mille dollars par an. Voyons un peu comment les Davis essaient de s'en sortir.

Bob et Debbie sont tous les deux diplômés. Bob est thérapeute et travaille avec des enfants handicapés dans un hôpital de San Diego. Debbie est enseignante, mais elle n'arrive pas à trouver un travail à plein temps. L'administration scolaire locale l'emploie comme

---

1. Environ 300 000 francs français.

remplaçante à titre permanent trois heures et quarante-cinq minutes par jour – soit juste un peu moins des quatre heures qui les obligeraient à payer des charges sociales. Leur revenu mensuel après impôts est de 2 982 dollars. Le montant de leurs dépenses est de 3 490 dollars, soit cinq cents dollars de trop.

Faut-il attribuer leur problème à un style de vie extravagant ? Ils ont deux voitures, deux Honda fabriquées aux États-Unis et vieilles respectivement de dix ans et cinq ans. Ils louent une maison construite il y a soixante-dix ans à un parent qui est suffisamment souple sur le loyer. Leurs sorties consistent à fréquenter un fast-food de spécialités mexicaines une fois par semaine. Pour ce qui est des dépenses « de luxe », leurs deux filles suivent des cours de danse à la sortie de l'école. Ah, oui, ils ont aussi le câble. À quoi il faut ajouter que, comme la plupart des salariés de leur catégorie, ils consacrent une plus grande part de leur revenu à des œuvres sociales que les riches (dans le cas des Davis, il s'agit d'une organisation écologiste, le Sierra Club, de l'Association des mères contre l'alcoolisme au volant, des scouts féminines et de l'Hôpital des enfants).

Et pourtant, ils ont un mal fou à s'en sortir, avec un découvert permanent d'au moins 5 000 dollars sur leur carte Visa et 14 % d'agios pour couvrir leurs dépenses entre deux chèques de fin de mois. Entre les dépenses d'alimentation et d'habillement, les frais constants de réparation de leurs vieilles voitures, l'essence, les factures de gaz et d'électricité, l'assurance de la maison, celle des voitures, les fournitures scolaires, les frais de cantine et de restaurant d'entreprise, la facture de téléphone (jamais plus de trente dollars par mois) et les mensualités de l'assurance santé de Bob, ils sont dans le rouge tous les mois. Contrairement à leurs parents, qui travaillaient dans l'industrie aéronautique et dans les assurances, Bob et Debbie Davis, deux citoyens américains qui gagnent leur vie à la sueur de leur front, ne connaîtront pas le rêve américain que leur famille avait souhaité leur transmettre.

Nous vivons dans un système économique qui non seulement encourage l'endettement, mais l'exige. Si nous n'étions pas prêts à nous endetter et à payer de lourdes mensualités aux banques, ces institutions feraient faillite. Sans nos cartes de crédit, les magasins où nous faisons nos achats devraient fermer. Si nous ne vivions pas dans une spirale d'endettement perpétuel, le système tout entier s'effondrerait. Vous voulez acheter une maison ? Demandez un prêt, endettez-vous ! Vous voulez acheter une voiture ? Demandez un prêt, endettez-vous !

Si vous refusez de vous endetter, le système vous sanctionne. La première voiture d'occasion que j'ai achetée, je l'ai payée cash. Quelques années plus tard, lorsque j'ai voulu en acheter une neuve, je n'ai pas pu obtenir de crédit parce que je n'avais pas de « passé d'endettement ». J'étais puni pour avoir préservé l'équilibre de mon budget ! C'est seulement quand j'ai contracté une dette – ma coopérative de crédit était légalement obligée de m'avancer l'argent de la voiture – que le système m'a accepté. Je n'ai plus jamais eu de problèmes pour m'endetter.

C'est la même chose avec les cartes de crédit. Plus vous dépensez – et plus vous vous endettez –, plus on vous propose de cartes de crédit. Quand vous dépassez le montant autorisé, vous croyez qu'on vous sanctionne ? Pas du tout ! On vous appelle pour vous dire que votre découvert autorisé a été augmenté de 5 000 dollars – alors allez-y, jetez l'argent par les fenêtres ! Et c'est ce que nous faisons.

C'est pour ça que je trouve complètement dingue que les sénateurs nous fassent la leçon sur la priorité absolue de la réduction du déficit. Si nous ne sommes même pas capables d'équilibrer notre budget familial, ils devraient comprendre que nous n'aurons rien à cirer de « leur » problème budgétaire tant qu'ils ne s'occuperont pas un peu du nôtre.

C'est pour ça qu'on en a marre des coupes budgétaires dans les services sociaux. Nous ne voulons pas que nos parents nous appellent pour nous demander de leur envoyer d'urgence du liquide parce que les chèques de leur retraite ne sont pas arrivés (sauf vous deux, papa et maman, appelez-moi quand vous voulez).

Et lâchez-nous les baskets avec votre déficit. Si vous voulez éliminer la totalité du déficit de cette année, supprimez les deux tiers de l'aide aux entreprises. Votre budget sera équilibré en un clin d'œil. Arrêtez de nous emmerder avec ces conneries. On est trop occupés à essayer d'obtenir une carte Gold.

17

Mike's Penal Systems, Inc.

« Notre main-d'œuvre carcérale est très motivée, ce sont des gens qui veulent vraiment travailler. C'est ce qui fait que l'affaire est rentable. »

BOB TESSLER, patron d'une entreprise travaillant avec des détenus

PROSPECTUS

UNE OFFRE À NE PAS RATER

L'entreprise Mike's Penal Systems, Inc. met sur le marché un million d'actions à vingt-cinq dollars chacune et vous offre l'opportunité de participer à l'aventure d'un secteur dont les perpectives de croissance et de rentabilité sont parmi les plus excitantes de l'économie américaine, les prisons privées !

En achetant nos actions, vous devenez partenaire de Mike's Penal Systems (ci-dessous MPS, Inc.), une entreprise unique au service du public et de ses actionnaires. MPS, Inc ne se contente pas de construire et de gérer des prisons privées. Comme de nombreux autres centres de détention publics et privés dans notre pays, MPS, Inc. fournit à des entreprises leaders sur leur marché une main-d'œuvre carcérale susceptible de produire des biens et des services à un coût ultracompétitif.

Nous vous offrons en outre une opportunité d'investissement pratiquement sans risques. En effet, rien ne peut permettre de prévoir une pénurie de main-d'œuvre carcérale aux États-Unis dans un proche avenir.

UN SECTEUR EN PLEINE EXPANSION

Au cours des quinze dernières années, la population carcérale des États-Unis a triplé. Les prisons américaines offrent actuellement plus d'un million et demi de places, et chaque détenu coûte 15 000 dollars par an au gouvernement.

Depuis quelque temps, des entreprises privées ont commencé à proposer aux autorités de leur fournir les mêmes services à un moindre coût, tout en faisant des bénéfices appréciables. Ces prisons privées accueillent aujourd'hui plus de 65 000 détenus. Des entreprises telles qu'American Express et Smith Barney ont d'ores et déjà perçu tous les avantages qu'il y a à investir dans l'industrie carcérale. Comme l'expliquait l'un de ces investisseurs : « Avant, je plaçais mon argent dans l'hôtellerie mais, avec les prisons, je suis certain que le taux d'occupation est de 100 % *tous les soirs* ! »

Les détenus des prisons privées ne se contentent pas de traîner dans leur cellule, d'être scotchés devant la télé ou de s'astiquer le manche. Ils travaillent pour certaines des plus grandes entreprises américaines, et ce pour seulement 20 % du salaire minimum !

Rien qu'en 1996, d'après Jesse Jackson, la valeur des biens et des services produits par les établissements pénitentiaires publics et privés s'élevait à neuf milliards de dollars. Le montant des coûts salariaux ainsi économisés devrait permettre aux entreprises américaines de se passer d'environ quatre cent mille travailleurs !

UN MARCHÉ PORTEUR

Le marché potentiel est illimité. Avec le taux record de désindustrialisation que connaissent les États-Unis, de plus en plus de travailleurs vont se retrouver sans emploi et être entraînés dans une spirale infernale de déchéance et de misère. Une fois qu'ils auront perdu leur domicile, leur voiture et leurs économies, nombreux sont ceux qui sombreront naturellement dans la délinquance – d'où la nécessaire expansion du système carcéral.

Avec l'érosion de leurs revenus fiscaux, provoquée en grande partie par la délocalisation des entreprises nationales, les administrations locales et régionales n'ont guère d'autre choix que de s'en remettre aux prisons privées pour prendre en charge une population criminelle de plus en plus nombreuse. Tant que le chômage croîtra au même rythme, les perspectives du secteur ne peuvent être que florissantes.

DES PARTENAIRES DE PREMIER CHOIX

Des articles récents parus dans les hebdomadaires *The Nation* et *Business Week* ne font que confirmer ce pronostic encourageant. Il suffit de citer les noms des entreprises qui, d'ores et déjà, ont recours à la main-d'œuvre carcérale pour réduire leurs coûts :

TWA : Une partie de la gestion des réservations de cette compagnie aérienne est confiée à des détenus de Ventura, en Californie. Quand vous appelez TWA pour réserver une place sur un de ses vols, c'est peut-être un criminel endurci qui vous répond !

IBM, Texas Instruments et Dell Computers : Ces trois géants de l'informatique travaillent avec un sous-traitant de Lockhart, au Texas, qui fait construire des circuits imprimés par des détenus.

AT&T : Cette entreprise a eu recours à des prisonniers du Colorado pour des services de marketing téléphonique.

Microsoft : Dans l'État de Washington, des détenus conditionnent divers produits informatiques pour l'entreprise Exmark, fournisseur de Microsoft et de plus d'une trentaine d'autres marques.

Eddie Bauer : Dans le même État, d'autres détenus fabriquent des doublures molletonnées pour l'entreprise de vêtements Redwood Outdoors, fournisseur, entre autres, des marques Eddie Bauer et Union Bay.

Spalding : Cette entreprise a eu recours à des détenus de Hawaï pour assurer l'empaquetage et l'expédition de balles de golf.

Et ce n'est pas tout. On pourrait encore citer Starbucks Coffee, Bank of America, Chevron. Les firmes intéressées par la main-d'œuvre carcérale se bousculent au portillon. On les comprend. Vous trouvez que ça vaut le coup de payer des salariés syndiqués vingt dollars de l'heure, *plus* les charges, *plus* les taxes, et d'être contraint de respecter toutes les réglementations liées à l'emploi de travailleurs non détenus, tout ça pour empaqueter des balles de golf ? Bien sûr que non !

Et si vous choisissez d'investir chez MPS, Inc., nous vous garantissons en prime que les détenus seront déjà formés pour les tâches que vous leur demandez : ils seront en effet sélectionnés par nos soins pour exécuter le même travail que celui qu'ils faisaient avant d'être enfermés, et ce pour un dixième de leur ancien salaire !

QUI SONT NOS CONCURRENTS ?

Il est à peine besoin de signaler que nombre d'entrepreneurs parmi les plus créatifs n'ont pas manqué de se lancer sur le marché des prisons privées. Mais, malgré la concurrence, les opportunités de croissance sont encore illimitées. Voyons un peu qui sont ces concurrents :

Corrections Corporation of America : Leader sur le marché de l'industrie carcérale, CCA (à ne pas confondre avec les agents de Hollywood qui portent le même nom) contrôle 48,3 % du secteur. Fondée en 1983 par des investisseurs contrôlant entre autres une fraction importante des parts de Kentucky Fried Chicken (et parmi lesquels on compte l'épouse d'un ex-candidat à la présidence des États-Unis, Lamar Alexander), CCA a connu une croissance régulière et gère aujourd'hui quarante-sept prisons dans onze États, ainsi qu'à Porto Rico, en Australie et au Royaume-Uni.

En 1995, CCA était la mieux cotée des entreprises ayant leur siège dans le Tennessee. Avec une hausse de 360,5 %, la valeur de ses titres la mettait en quatrième position des entreprises connaissant la croissance la plus spectaculaire à la Bourse de New York.

Wackenhut : Un grand nom pour l'industrie carcérale ! Fondée par un ancien agent du FBI, George Wackenhut, cette entreprise de sécurité privée s'est lancée ultérieurement dans la gestion d'établissements pénitentiaires. Wackenhut possède aujourd'hui vingt-quatre prisons privées aux États-Unis, au Royaume-Uni, à Porto Rico et en Australie, lesquelles accueillent un total de seize mille détenus.

Esmor : Cette entreprise se spécialise dans le bas de gamme et accueille les détenus dont *personne* ne veut, en particulier un nombre important de personnes condamnées pour crimes sexuels. Elle gère d'ores et déjà 2 500 prisonniers et connaît une croissance rapide et délibérée. Le magazine *Forbes* la décrivait en janvier 1995 comme « une entreprise qui monte ».

Autres : Citons entre autres Management and Training Corporation et US Corrections Corporation, entreprises de petite taille que MPS, Inc. devrait pouvoir absorber dès les six premiers mois de son activité.

DES SITES DE PRODUCTION ADÉQUATS

MPS, Inc. a décidé de cibler les zones les plus sinistrées du pays au niveau économique. Notre entreprise sera présente partout où les cheminées d'usine s'effondrent. Toutes ces régions aux paysages dévastés, aux populations désespérées et au taux de délinquance record sont les clients idéaux pour MPS, Inc. La vie n'est pas toujours drôle dans des villes comme Gary, Indiana, East Saint Louis, Illinois, ou Erie, Pennsylvanie, et

MPS, Inc. sera là pour rassurer les citoyens honnêtes en débarrassant les rues de toute la vermine criminelle.

L'année dernière, le palmarès des villes ayant le plus fort taux de délinquance était le suivant : Atlanta, Flint, Saint Louis, Tampa, Detroit, Kansas City, Newark, Little Rock, Baltimore et Birmingham. MPS, Inc. entend pénétrer tous ces marchés au cours de ses trois premières années d'activité. L'offre de détenus sera presque illimitée.

Les autorités locales ne manqueront pas de nous dérouler un tapis rouge : mise à disposition gratuite de terrains, 100 % d'abattement fiscal et généreuses aides fédérales. L'administration locale prendra en charge les frais de construction, d'équipement et bâtira de nouvelles routes, des canalisations et des liaisons câble pour nos établissements. Tous nos gardiens seront formés par des programmes fédéraux ou locaux.

Ajoutons à cela l'avantage spécifique que nous garantit le fait que notre P-DG, Michael Moore, soit originaire de Flint, une des dix premières villes inscrites au palmarès de la délinquance. Sa connaissance de première main de ce type d'environnement augmentera fortement nos chances de succès.

LOCAUX ET INFRASTRUCTURES

Contrairement aux autres entreprises du secteur carcéral, MPS, Inc. n'a nullement l'intention de construire des prisons neuves. Nous avons décidé de n'utiliser que des bâtiments déjà existants et de les adapter à cette fin.

Dans toutes les villes où MPS, Inc. entend s'implanter existent un certain nombre de bâtiments industriels désaffectés qui non seulement fournissent un cadre idéal pour l'accueil de détenus (au prix de quelques très légères modifications) mais sont *déjà* dotés de toute l'infrastructure de production. La plupart des détenus seront d'ailleurs familiers des lieux, étant donné qu'ils y auront souvent déjà passé plusieurs années en tant que salariés !

DES SERVICES IRREMPLAÇABLES

MPS, Inc. n'entend pas se consacrer au type de production « légère » que d'autres entreprises carcérales privilégient. Nous sommes plus ambitieux : pourquoi fabriquer des sweat-shirts quand vous pouvez construire des automobiles ?

MPS, Inc. entend prendre contact avec les plus grosses industries du pays et leur proposer les services suivants :

• **Assemblage de camions**. Nous pouvons avoir à la fois l'usine et les hommes qui y travaillaient. Qu'est-ce qui nous empêche de fabriquer des camions ?
• **Plateaux de cinéma**. Hollywood a besoin de plateaux immenses et d'équipes de tournage importantes. Les détenus peuvent à la fois construire les décors et jouer en tant que figurants.
• **Tests médicaux**. Les détenus sont de parfaits spécimens et des cobayes souvent complaisants. Pensez seulement aux découvertes qui pourraient être le fruit d'expérimentations médicales en chaîne ! Éradiquons le sida grâce à MPS, Inc. !
• **Prestations hors des locaux**. Les détenus modèles et ceux qui sont à la veille de bénéficier d'une liberté conditionnelle (les juges locaux ont toutefois promis d'en accorder le moins possible)

pourront travailler dans la chaîne de magasins de jouets Toys « R » Us (les magasins Toys « R » Us d'Aurora, dans l'Illinois, vantent tout particulièrement le travail de nuit des détenus qui réapprovisionnent leurs étalages).

PERSPECTIVES INTERNATIONALES

MPS, Inc. entend travailler avec des pays qui n'arrivent plus à gérer correctement leur population carcérale. Nous pensons en particulier à la Chine et au Nigeria. Nous pouvons importer leurs détenus et contribuer ainsi à améliorer notre balance commerciale grâce à une main-d'œuvre *entièrement gratuite* ! Quant aux pays qui n'offrent pas ce type de facilités car il y est pour l'instant illégal de commercialiser des produits fabriqués par une main-d'œuvre carcérale, n'oublions pas que nous vivons dans un monde où tout peut changer très vite.

Pour ce qui est des délinquants américains les plus dangereux pour la société, MPS, Inc. bâtira pour eux des prisons au Guatemala, en Uruguay et en Jordanie. Ces détenus sans formation et sans qualification pourront y être affectés aux divers types de tâches productives que le Code du travail américain n'autorise pas à accomplir sur le territoire des États-Unis.

Une note positive : DPAS, une entreprise californienne, a récemment fermé une de ses usines au Mexique pour relocaliser toute son infrastructure de traitement des données dans la prison de San Quentin, à San Francisco, ce qui, disent-ils, *leur coûte beaucoup moins cher* ! Ce qui prouve que des entreprises comme MPS, Inc. peuvent contribuer à rapatrier aux États-Unis les emplois perdus en raison de l'Accord de libre-échange nord-américain.

Pour recevoir plus d'informations sur nos projets, écrivez à Mike's Penal Systems, Inc., PO Box 831, Radio City Station, New York, New York 10101.

18

Mon amour impossible pour Hillary

Depuis quand suis-je tombé amoureux d'Hillary Clinton ? Je ne sais plus. Peut-être depuis que j'ai entendu prononcer son nom de famille pour la première fois – et ce n'était pas Clinton ! Hillary Rodham. Elle avait gardé son nom de jeune fille. Une femme de politicien qui garde son nom de jeune fille. Je n'avais jamais vu une chose pareille. Elle menait sa propre carrière, gagnait plus d'argent que son mari et défendait avec fougue les droits des femmes et des enfants. En 1992, je ne savais pas encore grand-chose sur son mari, mais je savais que je voulais voter pour elle.

Malheureusement, ce n'est pas là l'option qui nous a été proposée. Je me suis donc résigné à voter pour Bill. Le monde n'était pas encore prêt pour Hillary.

Ne me parlez pas du scandale de Whitewater ou du nombre de fois qu'elle change de coiffure, je n'en ai rien à cirer. Ce que je sais, c'est que Hillary Clinton s'était engagée à fond en faveur d'une réforme du système de santé qui aurait permis à tous les Américains d'avoir accès à une couverture sociale satisfaisante. Et quel a été le résultat ? Elle s'est fait marginaliser par une bande de machos qui se plaignaient de sa gestion de la réforme. En fait, ce qu'ils ne pouvaient pas avaler, c'est qu'elle ait deux ovaires et qu'elle en soit fière.

Voilà une femme qui a su élever une petite fille délicieuse et intelligente dans des circonstances tout à fait anormales. Les conseillers de la Maison-Blanche n'ont pas cessé de faire pression sur Hillary pour qu'elle se serve de Chelsea comme d'un argument publicitaire afin de renforcer l'image « familiale » des Clinton auprès des électeurs. Elle a refusé avec constance de se prêter à ce jeu, raison pour laquelle Chelsea a rarement été vue en public avant mars 1996, quand Hillary l'a emmenée avec elle en Bosnie et qu'elles ont chanté toutes les deux des *protest songs* des années soixante devant les troupes. On aurait bien aimé bénéficier de la même discrétion de la part des Reagan et des Bush, qui n'ont pas hésité à nous imposer leurs marmots en toute circonstance.

Les médias déforment systématiquement tout ce qui concerne Hillary, et nous n'avons qu'une image imparfaite de cette femme. C'est sans doute parce qu'elle est plus intelligente que la plupart des hommes qui croisent son chemin, et quand une femme fait un peu trop montre de son intelligence, vous savez bien qu'elle peut faire une croix sur sa popularité.

Hillary a un cœur et une morale, concepts tout à fait étrangers à la culture de Washington. Elle nourrit également de profondes convictions religieuses sans avoir besoin de les exhiber à chaque instant. Elle se contente d'essayer de vivre conformément à sa foi. Tout ça après douze ans de prêchi-prêcha fondamentaliste et de soi-disant majorité morale alignée derrière un Reagan et un Bush impliqués jusqu'au cou dans des actions profondément immorales (l'Irangate, la faillite frauduleuse des caisses d'épargne, etc.). Ça me scie de voir comment Reagan a réussi à s'attirer le soutien de tous ces fanatiques de la Bible alors qu'il n'a pratiquement jamais mis les pieds dans une église pendant ses deux mandats. Hillary et Bill vont à la messe tous les dimanches, main dans la main, et leurs préoccupations morales ont l'air un peu plus authentiques.

Quand les diverses aventures amoureuses de Bill sont venues pour la première fois à la connaissance du public pendant la campagne de 1992, je me suis senti horriblement gêné pour Hillary, qui s'est vue pratiquement obligée de préparer des biscuits au chocolat devant les caméras pour prouver au pays qu'elle était une épouse modèle et une femme « comme les autres ». J'aurais voulu pouvoir épargner à ma fille Natalie ce spectacle dégradant. J'espère qu'elle n'aura jamais à montrer sa docilité en préparant des biscuits au chocolat pour apaiser tous ces crétins machistes. Souhaitons que la vie lui épargne l'humiliation de devoir jouer la comédie de la parfaite petite femme d'intérieur à laquelle a dû se prêter Hillary, et souhaitons aussi que, d'ici cinq à dix ans, la seule chose que la prochaine Hillary ait à cuisiner soit la cervelle défraîchie du premier abruti qui osera suggérer qu'elle n'est pas l'égale d'un homme.

Face à la révélation de ses aventures extra-conjugales, Hillary a fait quelque chose d'extraordinaire : elle est restée solidaire de son mari. Elle est passée à la télé avec lui et a sauvé sa campagne. C'était leur problème, ils étaient tous deux assez grands pour le régler ensemble, et personne n'avait le droit de mettre le nez dans leur linge sale. *Tous* les couples ont des problèmes, et les Clinton ont au moins le mérite d'avoir démontré que, même dans les situations les plus difficiles, on peut toujours arriver à sauver son mariage.

Au lieu de faire preuve d'un minimum de respect à leur égard – et d'applaudir la façon dont ils avaient su préserver l'unité de leur famille –, les conservateurs se sont lancés dans une véritable chasse aux sorcières contre Hillary. Il faut dire qu'ils sont tellement attachés aux valeurs familiales, tous ces époux modèles républicains, pas vrai ? Demandez un peu à Bob Dole, divorcé, à Newt Gingrich, divorcé, au sénateur Phil Gramm, divorcé, à l'ex-président de la Chambre des représentants Dick Armey, divorcé, à l'ex-président Ronald

Reagan, divorcé, au gouverneur du Michigan, John Engler, divorcé, et à la grande star de la radio ultraréactionnaire, Rush Limbaugh, deux fois divorcé. Notez que je n'ai rien contre le divorce (pour les malheureuses épouses de ce genre de personnages, c'est même un impératif moral), mais je crois que les Américains ne sont pas dupes de cette bande d'hypocrites.

Ça fait quatre ans que je supporte les calomnies et les ragots dégradants déversés par mes congénères masculins sur Hillary, qu'il s'agisse des éditeurs de *Time* et de *Newsweek*, qui insistent pour publier en une les photos les moins flatteuses qu'ils peuvent dénicher sous prétexte de lui tirer le portrait, ou des analystes politiques qui ne peuvent pas s'empêcher de la descendre en flammes à la moindre occasion. Y a-t-il un seul mâle qui ait le courage de rompre les rangs de cette bande de dégénérés souffrant d'un déficit de testostérone et de proclamer haut et fort : « ON N'A JAMAIS VU UNE FEMME DE CETTE CLASSE À LA MAISON-BLANCHE, ET EN PLUS ELLE N'EST PAS DÉSAGRÉABLE À REGARDER ! » ?

Il faut que je vous avoue une chose : quand les Clinton ont été interviewés lors de l'émission *60 Minutes* en 1992, je ne pouvais pas détacher mes yeux d'Hillary, assise les jambes croisées aux côtés de son mari, et c'est à ce moment que j'ai commencé à me sentir *inexplicablement* attiré par elle. Et je me rappelle que je me suis fait la réflexion suivante : « Rien à foutre des aventures de Bill ; la vraie question, c'est que j'aimerais bien savoir qui d'autre a eu l'heureux privilège de se payer une ou deux escapades avec ce super canon ? »

Ouais, les gars, j'entends déjà vos murmures réprobateurs. Vous devez penser que je suis cinglé de trouver Hillary séduisante. Allez vous faire foutre. Mettez des lunettes. HILLARY RODHAM EST UNE SUPER MEUF FÉMINISTE D'ENFER.

(Dans un souci de transparence, je dois avouer que je suis l'heureux et fidèle époux de la plus belle femme du monde, qui est non seulement une personne merveilleuse et une grande artiste, mais aussi un bien meilleur écrivain que moi. Par solidarité féministe, elle accepte de fermer les yeux sur mon amour impossible pour Hillary.)

Pourquoi suis-je le seul à ressentir cette séduction ? Pourquoi, quand on cherche à « Hillary Clinton » sur l'Internet, tombe-t-on toujours sur le même genre de blagues stupides ? Un exemple :

Vous connaissez le dernier plat de Kentucky Fried Chicken ? Ça s'appelle le Hillary Combo : une petite poitrine, deux grosses cuisses et deux ailes gauche.

(Entre nous, de mon point de vue, ce n'est pas loin d'être une description du Nirvana.)

Il est d'autant plus affligeant de voir d'autres femmes jouer à ce petit jeu de massacre. Au lieu de savoir gré à Hillary des progrès qu'elle fait faire à toutes les femmes, elles se délectent à la mettre en pièces. Prenez Maureen Dowd, éditorialiste du *New York Times*, par exemple. Sa haine obsessionnelle pour Hillary est typique de ces soi-disant journalistes progressistes qui s'acharnent à nous prouver qu'ils n'ont vraiment pas grand-chose de progressiste. Lisez plutôt quelques exemples de ses misérables sarcasmes :

La page de remerciements écrite par Madame Clinton [dans son livre] illustre parfaitement le problème de cette dame. Ça doit être la seule page de remerciements dans l'histoire de l'édition qui réussit à ne remercier personne en particulier.

Ou encore, dans le genre amour vache :

Ce qui est embarrassant dans ces constants changements de garde-robe, c'est qu'ils mettent en évidence à quel point ils sont en contradiction avec la règle générale qui veut que, quand vous atteignez l'âge et la position sociale de Madame Clinton, vous êtes censée être fixée sur ce qui vous va et ce qui ne vous va pas.

Je ne sais pas si cette journaliste est vraiment bien placée pour parler de « remerciements » appropriés et de sens du décorum. En 1988, j'ai publié une note dénonçant le plagiat commis par Maureen Dowd, qui avait pratiquement recopié et publié sous sa propre signature dans le *New York Times* un article du *Congressional Quarterly*. Bien entendu, le *Times* s'est bien gardé de mentionner ma dénonciation, que seul le *Village Voice* a reprise. (La presse n'admet jamais ses propres erreurs sauf quand elle y est contrainte et forcée.) Le plus drôle, c'est que Dowd suivait à l'époque la campagne du sénateur Joe Biden, candidat à la candidature présidentielle, et qu'elle se faisait l'écho d'accusations selon lesquelles ce politicien avait été pris en flagrant délit de plagiat lors de ses études universitaires. Il paraît que les supérieurs de Dowd l'ont simplement réprimandée, ce qui ne l'a pas empêchée de monter en grade par la suite.

Quand je lui ai présenté au téléphone les preuves de son indélicatesse, elle n'a pas eu l'air d'apprécier cette soudaine publicité. Elle m'a dit que mes allégations n'étaient qu'un « tas de merde », que j'étais payé par l'équipe du sénateur Biden et elle m'a raccroché au nez.

Le fait est que les attaques les plus basses contre Hillary proviennent du *New York Times* (eh oui, encore ce fameux journal « progressiste »). L'éditorialiste et ancien conseiller de Nixon, William Safire, nourrit également une véritable obsession à l'encontre d'Hillary. Dans son article le plus tristement célèbre à son sujet – qui a finalement amené son mari Bill à sortir de dessous la table et à inviter Safire à un combat de boxe –, il a traité la première dame de « menteuse congénitale ». « Congénital », ça veut dire que c'est de naissance et que vous ne pouvez rien y faire. Alors comme ça, le type qui a aidé Nixon à élaborer ses mensonges et à se maintenir au pouvoir pendant six lamentables années se permet de traiter Hillary Rodham de « menteuse congénitale » ? Il ne manque pas d'air ! Monsieur Safire a contribué à la destruction de ce pays. Nous n'avons pas encore réussi à nous remettre de tout le mal que nous a fait Nixon avec la guerre du Vietnam et le scandale de Watergate. S'il y avait une justice dans ce monde, les sales petites fouines comme William Safire seraient condamnées à épandre du purin dans une ferme collective quelque part dans le Dakota du Nord.

Mais Safire n'est pas le seul à participer à la Sainte Croisade contre Hillary. Le sénateur Al D'Amato y consacre le plus clair de son temps. Pendant que le reste des congressistes essaie de s'occuper des affaires du pays, Al s'est enfermé dans une pièce et accumule les auditions contre Hillary. Et ses auditions sont les plus incohérentes qui aient jamais été menées dans le cadre du Sénat. Elles ont d'ailleurs peu à peu été désertées par tous ses collègues, vu que personne ne comprend un mot de ce que D'Amato déblatère. Comparez un peu les chiffres suivants :

Auditions dans le cadre de l'affaire Watergate :
16 mois, 37 témoins.
Auditions dans le cadre de l'affaire Whitewater :
22 mois, 159 témoins.

Toute cette affaire a duré si longtemps que D'Amato n'a probablement pas eu le temps de remplir sa demande de divorce (pour se séparer d'une épouse avec laquelle il ne vivait plus depuis quinze ans) avant de déclarer à la télévision qu'il allait se remarier. Mais apparemment, sa deuxième femme, Claudia Cohen, en a eu elle aussi complètement marre de ces audiences interminables et elle l'a laissé tomber. Comme quoi, le pauvre Al a perdu *deux* femmes à cause de son obsession maladive à l'égard d'une troisième, Hillary. Tout ce talent amoureux italien qui n'a pas pu s'exprimer, quel gâchis !

Hillary est également devenue une des cibles favorites des talk-shows radiophoniques. Elle y est régulièrement démolie en long et en large et accusée de toute une série de péchés mortels qui, s'ils n'étaient pas le fruit d'une préméditation haineuse, pourraient valoir à ses accusateurs un diagnostic d'hystérie galopante. Les auditeurs qui téléphonent à ces émissions se délectent généralement à décrire toutes les souffrances qu'ils lui feraient subir s'ils en avaient l'occasion.

Que fait Hillary tous les matins une fois qu'elle a rasé son minou ? Elle l'envoie travailler à la Maison-Blanche.

Pourquoi Hillary Clinton a-t-elle banni les mini-jupes à la Maison-Blanche ? Parce qu'elle ne veut pas qu'on s'aperçoive qu'elle a les boules.

J'ai ma petite théorie à propos de cette manie croissante de cracher sur Hillary. À mon avis, l'idée qui rend dingues tous ces fanatiques anti-Hillary, c'est que LES CLINTON AIMENT FAIRE L'AMOUR ! Bill est le premier président qui a vécu sa jeunesse dans les années soixante, ce qui veut dire que lui et Hillary ont dû sacrément forniquer. Voilà qui a de quoi faire perdre la tête à un éditorialiste réactionnaire comme William Safire. Il en veut à mort aux Clinton parce qu'il sait qu'il a raté le meilleur. OK, Monsieur Safire, vous n'avez pas beaucoup pris votre pied dans votre vie, mais est-ce une raison pour être aussi coincé ? Ou bien est-ce que vous manquez vous étrangler chaque fois que vous imaginez que ce couple a dû s'envoyer en l'air dans tous les endroits imaginables, avec la chaîne stéréo à fond et une bonne dose de marihuana ? Mais vous êtes tout rouge, Monsieur Safire, pourquoi vous respirez si fort ? Vous voulez qu'on appelle le SAMU ?

Ayons pitié de tous ces pauvres petits messieurs timorés, avec leur pénis tout flageolant, qui essaient de se sentir moins minables en cassant du sucre sur le dos d'Hillary. Ça doit être dur d'avoir des problèmes avec son zizi. Je ne parle pas des gens comme moi, qui ont une excuse médicale légitime. Je parle de tous ces pauvres crétins réactionnaires qui débandent à la seule idée d'une forte femme. Peut-être que l'image de la Forte Femme – voire l'image de Hillary en personne – s'insinue sans prévenir dans leur esprit à l'instant suprême, obligeant leur partenaire du moment à se dégager péniblement de dessous leur visqueuse carcasse républicaine en criant : « TIM-BERRRRRR ! »

Ah, le bruit des troncs qui s'abattent dans une forêt républicaine ! Tiens bon, Hillary ! Tu peux encore sauver le pays.

19

Les spermatozoïdes ont droit à la vie

Je suis contre l'avortement et pour le droit à la vie. Mais on ne peut pas se contenter de défendre les fœtus. La vie commence bien avant. Elle commence en fait au niveau du spermatozoïde. Et, en tant qu'homme, je peux témoigner par observation directe que des milliards et des milliards de spermatozoïdes sont victimes d'un génocide quotidien !

De mon point de vue, le mouvement anti-avortement est complètement à côté de la plaque. Cela fait vingt-cinq ans qu'ils s'emploient à défendre les droits des « enfants à naître ». Depuis le jour où la Cour suprême a légalisé l'avortement, ils n'ont cessé de s'efforcer de faire annuler cette décision. Ils sont convaincus que la vie commence au moment de la conception et qu'avorter un fœtus, c'est éliminer une vie humaine.

Eh bien, ils ont tout faux. La vie ne commence pas avec le fœtus. Elle commence avec le *spermatozoïde*.

Le spermatozoïde est la première pierre sur laquelle se construit l'édifice de la vie. Sans spermatozoïde, pas de fœtus. Le fœtus n'est qu'une étape intermédiaire. Le spermatozoïde est l'amorce qui déclenche tout.

Bon, je sais, vous allez me dire qu'il y a aussi l'ovule. L'ovule est aussi un facteur clé de la vie, tout aussi important que le spermatozoïde. Pour ma part, je corrigerai : presque aussi important. Si tous deux contiennent le même nombre de chromosomes, c'est le spermatozoïde qui détermine le sexe de l'enfant, ce qui veut dire qu'il assume une fonction supplémentaire. En plus, l'ovule n'a pas grand-chose à faire, il se contente d'attendre tranquillement que les choses se passent. Des nations entières peuvent s'écrouler et des galaxies disparaître du firmament, l'ovule ne bougera pas d'un pouce et ne produira rien du tout tant que le spermatozoïde n'entrera pas en action.

Ce dernier, en revanche, est en concurrence avec au moins deux cents millions de ses congénères à chaque éjaculation, C'est comme s'il était projeté par un canon et devait survivre à un épuisant trajet à la nage. Ce n'est qu'après un voyage éprouvant à travers le vagin, l'utérus et les trompes de Fallope qu'il aura une chance infinitésimale de fertiliser l'ovule. Imaginez un peu : c'est comme si vous deviez nager non stop de Chicago à Detroit en pleine bourrasque hivernale.

La tête du spermatozoïde est bourrée à craquer d'informations génétiques. Il y a de quoi faire honte à la puce informatique la plus sophistiquée. Sa section médiane, tout comme celle de notre corps, renferme les processus vitaux qui lui permettent de subsister, de se déplacer, d'accomplir sa mission. Sa queue, un peu comme nos membres inférieurs, est l'appendice qui lui donne la mobilité exigée par son long voyage.

Bref, on ne saurait tourner autour du pot : le spermatozoïde, c'est la vie. Ce n'est pas une cellule, ni un germe, ni un microbe. C'est le début de la vie humaine. Sans lui, nous ne serions pas là. D'où son caractère sacré.

Et pourtant, tous les jours, aux quatre coins de la planète, des hommes font avorter leurs spermatozoïdes !

Et qui s'en préoccupe ?

Où sont les militants pour le droit à la vie au moment où on a le plus besoin d'eux ? N'entendent-ils pas les cris de tous ces petits bébés innocents quand leurs progéniteurs, sans l'ombre d'un remords de conscience, les éliminent d'un revers de Kleenex et les jettent à la poubelle ? Quelle horreur !

Les masturbateurs sont des assassins qui profanent ce don de Dieu qu'est la vie. Le spermatozoïde n'est pas une vie humaine potentielle, c'est une vie humaine tout court.

Certains fanatiques de l'avortement souligneront que le spermatozoïde, tout comme le fœtus, ne peut pas survivre seul en dehors du corps humain. Et alors ? La vie est la vie ! Nous devons mettre fin aux meurtres prémédités commis par tous ces hommes qui décident de sacrifier autant de vies innocentes pour quelques moments de plaisir. Honte sur eux ! Honte sur eux !

Je suis profondément convaincu que le mouvement anti-avortement doit compléter son mot d'ordre de « laissez-les vivre » par celui de « sauvez les spermatozoïdes ». Je m'engage personnellement à écrire à mon représentant au Congrès et à lui demander de promouvoir un amendement à la Constitution interdisant l'avortement des spermatozoïdes. Je suis prêt à organiser des piquets de manifestants devant les édifices où se perpétue cette infâme pratique, comme les dortoirs universitaires. On peut faire l'hypothèse sans trop de risque que les génocides les plus dévastateurs ont lieu aux heures de diffusion de *Alerte à Malibu* et autres feuilletons du même acabit, ce qui en fait le meilleur moment pour manifester. N'oublions pas non plus les auberges de jeunesse de la YMCA, les séminaires religieux, les établissements pénitentiaires et les motels pourris de la chaîne Motel 6.

J'ai d'ores et déjà mis mon équipe au service de cette noble cause. La première chose que nous avons décidé de faire, c'est d'appeler le siège national du mouvement pour le droit à la vie pour leur demander s'ils étaient prêts à élargir leur campagne dans ce sens. Nous avons conversé avec Christian Polking, du département de communication de l'organisation. Nous lui avons d'abord demandé s'il était d'accord pour considérer le spermatozoïde comme le véritable début de la vie humaine. Telle fut sa réponse :

— Aristote et d'autres philosophes grecs estimaient que c'était l'homme qui portait la vie et que la femme n'était que l'incubatrice qui permettait au spermatozoïde de faire naître cette vie. Il y a aussi certains récits bibliques qui remontent à l'Ancien Testament…

« Je ne crois pas qu'il s'agisse d'une croyance irrationnelle. Il convient de respecter cette potentialité [la présence de la vie dans le spermatozoïde], mais je n'irai pas jusqu'à dire que chaque spermatozoïde pris individuellement est la vie… [Cela dit] il ne s'agit pas d'une simple substance chimique. C'est beaucoup plus que cela. Nous ne pouvons pas le traiter à la légère… il a une durée de vie de soixante-douze heures.

□ *S'il a une durée de vie, c'est qu'il a une vie…*

Effectivement, mais je n'irais pas jusqu'à dire qu'il s'agit d'une vie « humaine ». C'est là que je tracerais la limite.

□ *L'ovule a-t-il une durée de vie ?*

Oui… il descend dans l'utérus… jusqu'au moment où il est expulsé du corps ou fécondé… L'ovule et le spermatozoïde sacrifient leur individualité au moment de la fécondation.

□ *Si les femmes se mettaient à tuer leurs ovules en se ligaturant les trompes, avec des dispositifs intra-utérins et autres tortures médiévales rien que pour pouvoir forniquer à droite à gauche, et si les hommes gaspillaient leurs spermatozoïdes dans des relations avec d'autres hommes ou d'une autre façon – j'ai peine à mentionner ces horreurs –, ne croyez-vous pas que votre organisation devrait intervenir ?*

Personnellement, je suis d'accord pour condamner ces pratiques, mais je ne crois pas que notre organisation puisse se lancer dans une campagne à ce sujet, car nous avons des objectifs spécifiques à défendre, à savoir l'avortement, l'euthanasie et l'infanticide… Si nous intervenions sur ces questions de comportement sexuel, on pourrait nous accuser d'enfreindre les droits sexuels des personnes… On essaie toujours de nous présenter comme une bande de machistes qui veulent opprimer les femmes.

□ *Quelle accusation ridicule !*

N'est-ce pas ? Le droit à la vie est un de nos droits fondamentaux…

□ *Au fond, c'est toujours le même principe. Il y a des gens qui seraient prêts à s'arroger le droit de tuer leurs propres enfants… tout comme les gens qui s'arrogent le droit de tuer leurs propres spermatozoïdes.*

C'est une question d'étapes… Il y a là une pente glissante.

□ *Maintenant, dites-moi sincèrement si vous avez déjà entendu quelqu'un exprimer la même opinion que moi ? Je voudrais savoir si je ne suis pas tout seul.*

J'ai déjà entendu des personnes défendre la même position.

□ *En quelle occasion ?*

J'ai eu l'occasion de parler à des gens qui partagent votre sentiment. J'ai des amis qui partagent votre sentiment.

□ *Il pourrait se créer un mouvement. Il y a dix ans, personne ne manifestait devant les cliniques qui pratiquent des avortements… Si nous admettions de concevoir que l'homme donne la vie, ce serait un grand progrès.*

Le corps de la femme n'est pas le seul en cause… L'homme joue un rôle important.

□ *Tout à fait ! Je suis content de savoir que d'autres personnes pensent comme moi.*

Soyez-en certain.

Je suis convaincu que les militants du droit à la vie en viendront un jour à prendre conscience de l'horreur constituée par le génocide des spermatozoïdes. En attendant... Est-ce que quelqu'un peut me passer un Kleenex, s'il vous plaît ?

20

Choisissons un nouvel ennemi !

Ce Gorbatchev, quel gâcheur ! Quand je pense qu'il a foutu en l'air tout le savant échafaudage de la guerre froide. De 1946 à 1990, nos dirigeants n'ont pas arrêté de nous marteler que l'Union soviétique était l'Empire du Mal, la Grande Menace rouge, capable de laver le cerveau de notre jeunesse et, pire encore, de nous réduire tous en cendres. Ce n'était pas faux, mais l'Union soviétique a toujours eu un train de retard sur nous. Nous avons toujours été les premiers à développer les systèmes d'armes nucléaires les plus avancés. C'est nous qui lancions les premiers notre missile dernier cri, et ils devaient ensuite s'efforcer de rattraper leur retard. Les Soviétiques n'ont jamais envoyé 500 000 fantassins à 15 000 kilomètres de chez eux pour y faire la guerre et envahir des pays lointains. Leur oppression militaire s'est limitée aux pays voisins du leur. (Bien sûr, ils étaient un peu nerveux après des siècles d'invasion et 25 millions de morts pendant la Seconde Guerre mondiale, mais ce n'est quand même pas une raison.) Et ils n'ont jamais utilisé la bombe atomique – on est les seuls à avoir ce privilège.

Mais Washington n'a jamais cessé de nous rappeler le grave danger qui nous menaçait, et la plupart d'entre nous y ont cru. Nous avons ainsi vécu dans l'ombre effrayante d'une apocalypse qui pouvait se déclencher d'un moment à l'autre. Mais cette terreur fabriquée avait un grand avantage : notre économie prospérait grâce aux profits records des industries d'armement, qui procuraient du travail à des millions d'Américains. La menace de l'holocauste nucléaire était bonne pour les affaires.

L'autre effet positif de la guerre froide, du point de vue de nos dirigeants, c'est qu'elle nous détournait des préoccupations domestiques. Tant que nous restions obnubilés par la menace *extérieure*, nous ne prêtions pas trop attention à certaines réalités désagréables comme le déclin de nos cités, le piètre état de notre système éducatif et l'augmentation permanente du chômage.

Et voilà qu'un beau jour Mikhaïl Gorbatchev, le numéro un soviétique, décide d'arrêter les frais. Il ne veut plus jouer avec nous. Il met fin unilatéralement à la fabrication d'armes atomiques. Il explique : « Peu importe ce que vous, les Américains, avez décidé de faire, pour ma part j'en ai assez de cette folie. » Il fait tomber le mur de Berlin. Il annonce à tous les pays d'Europe de l'Est que l'Union soviétique retire ses troupes et qu'ils peuvent choisir leurs propres dirigeants à travers des élections libres.

Quel culot, non ? La guerre froide était pourtant une bonne affaire pour nos deux pays. Mais, une fois terminée, voilà que nous nous retrouvions sans épouvantail à stigmatiser. Nos regards se portèrent alors vers ce qui se passait chez nous, et ce fut le choc. Pendant que nous dépensions des milliards de dollars dans une course aux armements absolument stérile, nos routes, nos canalisations et toutes nos infrastructures étaient au bord de l'effondrement. Tout d'un coup, voilà qu'un SDF nous demandait de lui faire l'aumône de 25 cents. Et puis un autre cent mètres plus loin. Et puis deux autres. Seigneur, qu'est-ce qui avait bien pu se passer ? En moins de temps qu'il ne faut pour le dire, on se retrouvait tous en train de bosser pour des prunes dans des boulots merdiques – et encore, ceux qui avaient du boulot. Des millions de travailleurs jadis employés à construire les sous-marins nucléaires, à traiter du plutonium, à élaborer les plans des avions furtifs et à fournir des services aux bases militaires se retrouvaient sur le carreau parce qu'ils ne fabriquaient rien d'utile pour le consommateur américain. Pendant que nous dépensions 50 % de l'argent des contribuables pour combattre les Rouges, les Japonais ne consacraient à la défense que 1 % de leur PIB et le reste était destiné à satisfaire les besoins de la nation.

Sans la guerre froide, l'Amérique se retrouvait à la dérive, incapable de trouver un sens à son existence nationale. Finir « gagnant » et arracher le titre d'Unique Superpuissance mondiale n'était finalement pas si excitant que ça. Ce n'est pas si agréable de se sentir superpuissance quand il n'y a plus aucun rival. Si vous ne pouvez pas démontrer votre supériorité contre un ennemi, qu'est-ce que vous pouvez bien avoir de « super » ? Vous imaginez une seule équipe participer à la coupe nationale de football ? Vous voyez un peu les Dallas Cowboys arriver tout seuls en finale ? Tourner en rond sur le terrain en criant « On est les meilleurs ! On est les champions ! Na-na-na na-nère ! » ?

Plutôt gênant.

L'Amérique n'est plus la même depuis que nous avons perdu toute raison de haïr qui que ce soit. Privés d'ennemis extérieurs, c'est comme si nous nous cherchions des ennemis à domicile : Oklahoma City, les milices, Pat Buchanan, c'est vraiment pathétique ! Vu qu'il n'y a plus personne contre qui cracher notre venin, beaucoup d'Américains se débrouillent pour chercher des boucs émissaires domestiques : les pauvres, les immigrés, les homosexuels ou les intellectuels de gauche.

D'où ma question : POURQUOI NOUS EN PRENDRE À NOUS-MÊMES ALORS QU'IL Y A ENCORE PLUS DE 180 PAYS ÉTRANGERS À COMBATTRE ?

La solution me paraît tellement évidente que je n'arrive pas à croire que personne à Washington n'y ait pensé. Il nous suffit tout bêtement de pointer un pays sur la mappemonde et de le désigner officiellement comme nouvel Empire du Mal. Et, hop, fini le chômage !

Pour aider le président et l'état-major à choisir notre nouvel adversaire, j'ai établi une liste de pays qui, bien que n'étant pas aussi grands et aussi méchants que le grand méchant loup soviétique, ne décevront pas nos attentes si nous leur donnons une petite chance de manifester leur nocivité.

Il faut se rappeler avant tout que ce que nous voulons, c'est une guerre froide, à savoir une guerre qui nous dure au moins cinquante ans. D'un côté, ça fera du boulot pour plein de gens, de l'autre personne ne risquera sa vie sur le champ de bataille. Les vraies guerres – comme l'invasion de la Grenade, de Panamá ou de l'Irak – durent à peine quelques heures, et ça ne suffit pas pour relancer l'économie.

Alors tous à vos cartes et à vos petits soldats de plomb ! Je vous invite au QG opérationnel souterrain de Mike, dans les entrailles de Manhattan. Étudions les diverses options possibles, il est temps de choisir un nouvel ennemi !

Quelques candidats envisageables

Libye. Ça fait déjà un bout de temps que ce pays ambitionne ce rôle. La Libye, dirigée par le colonel travesti Muammar al-Kadhafi, répond à la plupart des exigences requises par la fonction de pays le plus détesté. Nous la supposons impliquée dans l'explosion du vol 103 de Pan Am (la suspicion nous suffit généralement pour envoyer les marines, on peut toujours fabriquer les preuves après coup). On peut également reprocher à la Libye de continuer à vouloir fabriquer des armes nucléaires et d'offenser effrontément la communauté internationale en refusant d'envoyer une équipe aux jeux Olympiques d'hiver, alors qu'elle n'a aucun problème pour envoyer des millions de dollars à Louis Farrakhan. Qu'est-ce qu'on attend ?

Chine. Si le monde était parfait, ce serait le candidat idéal, mais il y a trop d'entreprises américaines qui ont investi là-bas au cours de la dernière décennie. Washington ne peut quand même pas harceler un pays qui est devenu l'atelier clandestin des États-Unis. Il y a quelques années, à Flint, General Motors a discrètement démonté une usine entière en pleine nuit pour ne pas susciter de protestations et a expédié sa chaîne de montage en Chine. Et General Motors n'est pas la seule à le faire ; des centaines d'entreprises américaines font de juteuses affaires dans ce pays. Alors je crois qu'on peut dire adieu aux Chinois en tant que nouvel ennemi. Et, en plus, ils sont plus d'un milliard, et nous seulement 263 millions. Je suis pour qu'on les laisse tranquilles.

Iran. Déjà vu.

Irak. Déjà fait.

Corée du Nord. Bon, je sais, ça aussi on l'a déjà fait, et la répétition a tendance à lasser. Mais il y a une chose qui n'arrive pas à pénétrer le crâne épais de ces tarés, c'est que la communauté internationale ne peut pas avoir de relations normales avec un pays dont la capitale a un nom impossible à prononcer : Pyongyang. Bon, évidemment, si on n'arrive même pas à le prononcer pourquoi y aller, n'est-ce pas ? En plus, depuis que leur leader éternel, Kim Il Sung, est mort en 1994, ils n'ont pas encore trouvé un vrai remplaçant. Ça fait deux ans qu'ils sont en « réunion » pour désigner son successeur. Je vous dis pas la facture de café !

Ils ont peur de confier le pouvoir au fils de Kim, parce qu'il passe son temps à regarder des films. Ce type est propriétaire d'une collection de vingt mille cassettes vidéo et disques laser, un record mondial. Je nous vois mal attaquer ces faces de citron pendant que leur dirigeant est en train de regarder pour la dix-huitième fois *Trois hommes et un couffin*.

Cela dit, comme ennemis, ils ne sont quand même pas mal : plus grande armée du monde (proportionnellement à leur population), probablement dotée d'armes nucléaires, et, jusqu'à cette année, ils ont refusé de participer aux jeux Olympiques d'été *et* d'hiver.

Cuba. Laissez tomber. Fidel est indéracinable.

Birmanie. Même les hommes d'affaires américains sont révulsés par ce pays et par la façon dont il traite ses citoyens. Après des années de terreur, d'exécutions sommaires, d'ethnocide, de travail forcé et de trafic d'héroïne (ce sont eux qui fournissent 60 % de l'héroïne vendue aux États-Unis), toutes nos entreprises ont quitté ce pays, sauf Texaco, Unocal et Arco. En 1988, la Birmanie a essayé de donner le change en se rebaptisant « Union de Myanmar », mais nous ne nous y sommes pas laissés prendre. Je suis donc partisan de leur flanquer une raclée. Attaquons-les à coups de... HOLÀ ! STOP ! Qu'est-ce que c'est que cette histoire d'*attaquer* ? Qu'est-ce qu'on avait dit ? Réfléchissez un peu : « guerre *froide*, guerre *froide*, guerre *froide*, guerre *froide*... »

Suisse. Personnellement, j'aimerais bien que ces poules mouillées apprennent pour une fois ce que c'est qu'une vraie guerre, ils sauraient enfin ce par quoi nous sommes tous passés. Ils sont bien connus pour resquiller à chaque fois. En plus, c'est le dernier pays européen à avoir accordé le vote aux femmes (en 1971 !). Si demain les États-Unis leur faisaient clairement comprendre qu'ils nous courent sur le pistil, je vous garantis qu'ils ne joueraient pas longtemps au pauvre petit pays « neutre » ! Je parie que les banquiers de Zurich feraient des heures supplémentaires pour se procurer un maximum d'armes nucléaires sur le marché mondial.

Canada. Je crois que j'ai vu ça une fois dans un film de Michael Moore.

Burkina Faso. Voilà encore un pays qui s'est permis de changer le nom dont les envahisseurs européens l'avaient généreusement affublé. Dans le temps, il s'appelait « Haute-Volta », ce qui nous faisait toujours marrer en classe de géographie. C'est sans doute le pays le plus pauvre du monde après le Bangladesh, mais ils organisent tous les ans le festival de cinéma le plus important du continent africain. Allez comprendre. Absolument personne aux États-Unis ne sait où se trouve ce satané pays, et ça pourrait jouer dans le sens d'en faire un ennemi *vraiment* inquiétant :

« Il paraît que le Burkina Faso a des missiles pointés sur New York !

— Doux Jésus ! Et où se trouve le Burkina Faso ? !

— PERSONNE N'EST FOUTU DE SAVOIR ! »

C'était donc la liste des candidats au titre de nouvel Empire du Mal. Quel est votre favori ? Faites-moi connaître votre choix et je me chargerai personnellement de transmettre les résultats au Pentagone. Envoyez votre réponse (exclusivement par carte postale) à « Mike choisit un nouvel ennemi », PO Box 831, Radio City Station, New York, New York 10101.

21

Rebaptisons les États-Unis

Aussi loin que je me souvienne, les États-Unis n'ont jamais été un pays très populaire. Faites un sondage au Zimbabwe ou en Uruguay et vous verrez que, pour toutes sortes de raisons obscures, tous ces gens ne peuvent pas nous voir en peinture.

Ma première appréhension de notre piètre image internationale remonte à la fin des années cinquante, quand la limousine de Nixon, alors vice-président, s'était fait bombarder à coups de pamplemousses, par des Vénézuéliens en colère. Depuis cette époque, on ne compte plus les drapeaux américains brûlés, les ambassades attaquées, les otages enlevés, les hommes politiques américains pendus en effigie, les bombes terroristes, les détournements d'avions sauvages, sans parler de la dernière forme d'humiliation inventée par les étrangers depuis qu'ils sont devenus plus futés, la nationalisation de la chaîne locale de Kentucky Fried Chicken.

Pourquoi ils nous en veulent tous à ce point ? Pourtant, ils adorent notre cinéma, notre musique, nos jeans. Bon, d'accord, on se la joue peut-être un petit peu trop avec nos prétentions de numéro un mondial. Mais si vous étiez un compatriote de Chuck Norris, vous aussi vous seriez sans doute convaincu qu'on est les meilleurs.

À part ça, j'admets que les étrangers n'apprécient pas trop qu'on envoie nos troupes envahir leur pays. Mais qu'est-ce qu'ils peuvent être rancuniers ! Ce n'est pas parce qu'on a liquidé deux millions de Vietnamiens sans jamais payer les indemnités promises aux survivants qu'il faut s'imaginer qu'on va casser la baraque à chaque fois. Bon, c'est vrai, depuis, on a envoyé les marines dans neuf autres pays, mais il ne faut pas s'alarmer pour autant.

Non, nous ne sommes pas parfaits. Oui, nous avons commis des erreurs. Et maintenant nous avons un problème d'image à gérer. Partout dans le monde on nous déteste, on nous insulte, on nous maudit et on nous crache dessus.

De nos jours, nombre d'entreprises réalisent qu'il n'y a rien de tel qu'un nouveau look pour remonter dans l'estime de l'opinion. Lors du désastre écologique de Love Canal, les médias ont voué aux gémonies la Hooker Chemical Company, responsable de la contamination chimique de la zone. Pas de problème : les patrons ont vendu l'usine et rebaptisé l'affaire. Maintenant, elle s'appelle Occidental. Ça s'écrit comme « accidentel », il suffit de changer deux lettres. Des petits rigolos, je vous dis.

Quand un cinglé a injecté du poison dans une série de bouteilles de Tylenol, provoquant la mort de sept personnes, Tylenol a réagi au quart de tour en mettant à disposition des consommateurs affolés un numéro de téléphone d'urgence. Après quoi ils ont inventé un emballage plastique inviolable qui est devenu la norme dans l'industrie pharmaceutique. Cette façon de restaurer leur image est généralement considérée comme une des plus grandes réussites de l'histoire des relations publiques.

Eh bien, c'est exactement ce dont l'Amérique a besoin. Aussi, plutôt que de dépenser des millions de dollars à rémunérer les prestations d'une entreprise de relations publiques, je suggère au gouvernement des États-Unis d'accepter le service que je mets à sa disposition à titre gratuit. J'autorise donc le président à exploiter comme bon lui semble chacune des idées qui suivent, dans le but de promouvoir une Amérique relookée, au goût plus frais et plus facile à digérer.

Un nouveau nom

« États-Unis d'Amérique » ? C'est long. C'est chiant. Beuhh. C'est comme si nos pères fondateurs en avaient finalement eu marre de s'empailler sur le nom de leur nouvelle patrie (« Moi, j'aime bien "Colombie", pas vous ? » « Et pourquoi pas "La Nouvelle Nouvelle Angleterre en Mieux" ? » « On pourrait appeler ça tout simplement "Chez George", non ? »). Fatigués, ils ont baissé les bras et se sont contentés d'un nom assez banal, en fait plutôt une espèce de description. Voyons voir, il y a des « États » et ils sont « unis ». « États-Unis ». Génial, non ?

Il faut dire que la question était la dernière à l'ordre du jour, ce qui est tout à fait regrettable. Au lieu de se concentrer là-dessus, ils avaient perdu un temps fou sur des problèmes mineurs comme la Déclaration d'indépendance et la Constitution. Aujourd'hui, plus personne ne se souvient de ce que racontent ces documents, mais *tout le monde* se souvient du nom de notre pays.

Les Britanniques ne s'y sont pas du tout pris comme ça. Au moment de se lancer sur la scène internationale, ils ont décidé de s'appeler « Grande-Bretagne ». Ça, c'est une attitude positive, un nom plein de tonus, et il faut voir où ça les a menés. Bien sûr, il n'y a rien de spécialement « grand » chez les Britanniques, mais ils savaient qu'avec un nom comme ça, les autres pays auraient les jetons (« Ouh la la ! Ils sont vraiment trop *grands* pour nous ! »), et ça a marché pendant plusieurs siècles. Quand les habitants de pays lointains voyaient s'approcher un navire de guerre britannique, ils savaient qu'ils allaient passer un mauvais quart d'heure : « Qu'est-ce qu'il y a écrit sur la coque du bateau ? » « Laisse-moi voir, il y a écrit… "GRANDE quelque chose" ! » « Seigneur Dieu ! Hissez immédiatement le drapeau blanc ! » Les Britanniques n'auraient jamais eu un tel succès s'ils avaient choisi un nom du genre : « Comtés Associés sur une Île. » Et quand ils ont adopté un nouveau nom, « Royaume-Uni », ils ont bien fait attention de ne pas associer le mot « uni » avec le minable « État », non, ils ont choisi « Royaume ». Quand vous entendez « Royaume », vous savez que ça va être votre fête.

En plus, à peine a-t-on inventé « États-Unis d'Amérique » que les gens ont trouvé ça trop long et qu'ils nous ont trouvé un diminutif : l'« Amérique ». On n'est pas des « États-Uniens », on est des « Américains ». On pourrait croire que cette petite astuce nous aurait ramenés au moins alphabétiquement au premier rang des nations, mais non, on reste bêtement coincés en fin de liste avec notre « USA ».

À nouveau siècle, nouveau nom ! Voilà mes suggestions :

The Big One. C'est court. Ça résume bien les choses. « Vous êtes d'où ? » « I'M FROM THE BIG ONE ! » Avec ça, personne ne va venir vous chercher noise.

Atlantic & Pacific. Ou encore « A & P ». Original, et ça permet aux étrangers de nous situer sur une carte. En plus, ça fait penser à un plat de fruits de mer, ce qui vous met en appétit.

Sexyland. Le sexe fait vendre. Tout le monde mourra d'envie d'y habiter. Évidemment, ça risque d'attirer encore plus d'immigrés clandestins.

Ebony and Ivory. Vous vous rappelez le duo Stevie Wonder/Paul MacCartney ? Un nom qui nous aidera sûrement à surmonter nos divisions raciales.

USA World. L'Amérique comme parc d'attractions. Qui pourrait résister à ça ? Pas d'insécurité, rien que des jeux ! Pas de politiciens, des clowns ! Pas de feuilles d'impôts, des jetons ! On y gagne à tous les coups.

Planet USA. C'est un pays, pas un établissement de restauration, mais ça évoque les restaurants Planet Hollywood lancés par Arnold Schwarzenegger, Sylvester Stallone et Bruce Willis, ce qui est excellent pour impressionner les adversaires malintentionnés

Hard Rock America. Au cas où Arnold, Sylvester et Bruce ne nous accorderaient pas les droits d'utiliser le nom Planet USA.

Un nouveau drapeau

Le drapeau actuel n'est pas un symbole très populaire dans le reste du monde. L'arborer, c'est un peu comme agiter un chiffon rouge devant un taureau enragé. Je ne sais pas pourquoi, quand les gens voient la bannière étoilée, ils perdent les pédales. Pourquoi leur donner un prétexte facile pour exprimer leur mauvaise humeur ?

Je ne suis pas un grand designer, mais je vous livre mes quelques idées à l'état brut. Voilà ce qu'on pourrait mettre sur notre nouveau drapeau :

1. La tête de Newt Gingrich émettant des ondes radio par les oreilles. (Ça donnerait aux étrangers une vraie bonne raison de le brûler.)
2. Un tas de gros types poilus. (La meilleure défense, c'est l'attaque.)
3. George Washington à cheval sur le dinosaure Barney. (Un truc ancien, un truc moderne.)
4. Deux mains jointes sur un billet de banque. (Exprime à la fois nos valeurs chrétiennes et nos priorités existentielles.)
5. Une scène du Kamasutra. (Puisque je vous dis que le sexe fait vendre. Bon, évidemment, les personnages hindous risquent de prêter à confusion.)

Une nouvelle devise

Avec « *In God We Trust* », on n'assume pas vraiment nos responsabilités, non ? Mieux vaut épargner à Dieu nos petits problèmes. Il en a sans doute suffisamment par ailleurs.

Je vous propose quelques devises beaucoup plus classe :

« L'endroit idéal pour commander un bon steak bien saignant. »

« Les chèques sont acceptés. »

« Nos concitoyens sont armés et ils ont la gâchette facile. »

« Les États-Unis d'Amérique ! Vous avez trouvé mieux ? »

Un nouvel emblème national

Laissez tomber l'aigle à tête chauve. L'espèce est en voie d'extinction, et ce n'est franchement pas bon signe pour un symbole national, non ? En tout cas, personnellement, je n'en ai jamais vu.

Ma fille Natalie me suggère de remplacer l'aigle à tête chauve par l'homme à tête chauve. Lui, au moins, il y en a des millions. Voilà qui nous fait un symbole familier, inoffensif, et glabre.

Si on essayait d'appliquer ne serait-ce que quelques-unes de ces suggestions, je suis sûr que notre image auprès de l'opinion mondiale en serait nettement renforcée. Si vous avez vous-même des idées pour améliorer la réputation de notre pays, n'hésitez pas à les faire parvenir à la Maison-Blanche à l'adresse suivante : White House, 1600 Pennsylvania Avenue NW, Washington, D. C., 20500. Téléphone : (202) 456-1414. Je suis sûr qu'ils sont prêts à envisager n'importe quelle solution.

22

Augmentez votre moyenne scolaire en chassant les homosexuels

Ça se passe dans un établissement scolaire de Topeka, dans le Kansas. C'est l'histoire des remarquables efforts d'un groupe de jeunes lycéens pour obtenir de meilleures notes.

Sam Phelps est l'un de ces élèves modèles : un brave garçon, issu d'une bonne famille. Son grand-père est pasteur, c'est tout dire.

Le lycée de Topeka West encourage ses élèves à aller au-delà du simple apprentissage livresque et à explorer toutes sortes d'activités susceptibles de constituer pour eux une expérience enrichissante. Il y a beaucoup à apprendre en dehors de l'enceinte de l'école, et le lycée récompense les élèves qui savent mettre à profit cet apprentissage.

C'est ainsi que ces jeunes, quand ils quittent le lycée à trois heures de l'après-midi, au lieu de rentrer chez eux pour s'avachir devant la télé, se rendent au centre d'accueil des personnes âgées pour aider les anciens de la ville. Ou à l'hôpital pour donner un coup de main aux handicapés. Ou encore au cimetière, aux funérailles d'une victime du sida, pour y manifester sous des banderoles portant l'inscription : MORT AUX PÉDÉS.

Voilà en quoi consistent les œuvres sociales de Sam Phelps. Et quand il ne sévit pas dans les cimetières, il harcèle les homosexuels aux concerts de Barbra Streisand, ou bien il dénonce les juges et les fonctionnaires locaux qu'il soupçonne d'être gays. « Notre Seigneur abhorre les pédés, explique Sam, c'est pour ça que Dieu a détruit Sodome et Gomorrhe, ils se livraient tous à la fornication anale. C'est la Bible qui nous indique la voie à suivre. »

Sauf que le lycée de Topeka n'était pas tout à fait d'accord avec la forme de « bénévolat » choisie par Sam. Ce n'est pas exactement ce à quoi le corps enseignant pensait quand il suggérait aux élèves d'aller travailler pour le bien de la communauté. Il fallut donc expliquer à Sam que ses « bonnes œuvres » ne seraient pas incluses dans sa moyenne.

Ça n'a pas vraiment plu au grand-père de Sam, le révérend Fred, candidat au Sénat pour l'État du Kansas. Et, tandis que l'administration scolaire faisait profil bas, voyant venir le procès, le maire de Topeka décernait à Sam une récompense municipale pour ses activités d'utilité publique. Le lycée a dû faire marche arrière et trouver une solution de compromis. La moyenne de Sam serait augmentée, mais cette bonification serait officiellement attribuée à des activités moins controversées, du genre baby-sitting, ce à quoi Sam ne voyait aucun inconvénient.

Ce qui m'amène à la réflexion suivante : si, à Topeka, vous pouvez augmenter votre moyenne en harcelant les homosexuels et les malades du sida, ne pourrait-on pas imaginer d'autres moyens originaux d'améliorer les résultats des élèves ?

J'ai donc décidé de soumettre une liste de suggestions à l'administration du lycée de Topeka West. Il s'agit de « bonnes œuvres » du même type que celles qui ont valu à Sam d'être généreusement récompensé. Je vous livre ci-dessous les intitulés et la description des activités optionnelles susceptibles de faire gagner des points aux élèves qui veulent améliorer leur moyenne :

101. ARTS GRAPHIQUES

Les élèves se rendront à la clinique locale et prendront en photo les femmes qui viennent y subir une IVG. Une fois revenus en classe, ils développeront ces clichés en format affiche avec la légende suivante : CETTE FEMME A TUÉ SON ENFANT. L'imprimerie du lycée reproduira cette affiche à des centaines d'exemplaires. Les élèves chargés de les afficher en ville gagneront également des points.

204. BIOLOGIE ET/OU PHYSIQUE APPLIQUÉES

Savez-vous que l'usage des fertilisants ne se réduit pas à l'épandage dans les champs ? Apprenez à maîtriser l'incroyable énergie destructrice des fertilisants avec l'aide de jeunes spécialistes en service sur la base militaire locale de Junction City. (L'achat des détonateurs est aux frais des élèves.)

303. HYGIÈNE ET SANTÉ

Contribuez à la lutte contre la drogue ! Si vos parents fument du haschich, apprenez à les dénoncer aux autorités. Assimilez les techniques d'infiltration policière en « vendant » de la drogue dans l'enceinte de votre lycée pour piéger vos camarades de classe.

409. ÉCONOMIE DOMESTIQUE

Lavez et repassez le linge de la section locale du Ku-Klux-Klan tous les samedis matin. Cette activité peut être incluse dans le programme de sciences sociales.

302. RELATIONS INTERNATIONALES

Les services locaux d'immigration n'arrivent pas à endiguer à eux seuls les immigrés clandestins qui s'installent dans notre région. C'est pour vous une occasion unique d'en savoir plus sur le vaste monde. Gagnez un demi-point pour chaque Latino clandestin débusqué. Si vous réussissez à l'appréhender, gagnez un point. Éliminez-le d'une seule balle et vous êtes classé au palmarès du concours général !

Mes collaborateurs et moi, nous avons attendu la réponse du proviseur du lycée de Topeka pendant un mois, suite à quoi nous lui avons téléphoné. Il s'est refusé à tenir compte d'aucune de mes suggestions.

Voilà bien le problème avec notre système d'éducation : les autorités scolaires ne comprennent pas l'intérêt de récompenser *toutes* les formes de fanatisme réactionnaire.

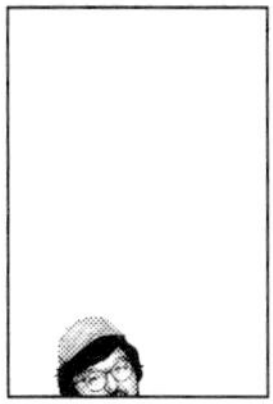

23

Libérez-nous, Nelson Mandela !

Jusqu'en 1991, les citoyens noirs de la République sud-africaine ont subi un régime connu sous le nom d'apartheid. Il s'agissait d'une forme de ségrégation légale caractérisée par une série de règles extrêmement strictes qui codifiaient l'existence de deux sociétés séparées, la blanche et la noire. Dans le cadre de ce système, les Noirs étaient officiellement marginalisés et complètement exclus du pouvoir politique et économique, malgré le fait qu'ils représentaient 75 % de la population.

C'est là qu'intervient un homme du nom de Nelson Mandela, leader de l'ANC (African National Congress). Son combat contre l'apartheid l'a conduit à passer vingt-cinq ans de sa vie en prison.

Au cours des dix dernières années de son incarcération, un groupe d'Américains, sous la direction de Randall Robinson et d'autres militants, a initié une campagne pour persuader le gouvernement et les entreprises des États-Unis de retirer toute forme de soutien à l'Afrique du Sud. Vingt-sept États et près d'une centaine de municipalités décrétèrent un embargo des investissements représentant vingt-cinq à trente milliards de dollars pour les entreprises travaillant avec l'Afrique du Sud. On vit des étudiants construire des imitations de bidonvilles sud-africains sur leurs campus en signe de protestation. Des stars du show-biz et des membres du Congrès se livrèrent à des actes de désobéissance civile en se laissant arrêter devant le siège de l'ambassade sud-africaine à Washington.

Le résultat de ce grand mouvement de soutien à Nelson Mandela est certainement un des plus grands succès de la gauche auxquels j'aie pu assister au cours de mon existence : la fin de l'apartheid en Afrique du Sud ! Pour une fois, la solidarité avait fonctionné. Une action politique incessante accompagnée de coups bien ajustés en dessous de la ceinture économique avaient entraîné un changement historique.

Mais il existe un autre pays où les Noirs doivent vivre dans des ghettos qui sont l'équivalent des townships sud-africaines, où la délinquance et l'illégalité font des ravages et où l'arbitraire policier règne sans partage. Un pays où les Noirs occupent la plupart des emplois les moins bien payés et les moins qualifiés alors que les Blancs travaillent dans des bureaux de luxe. Un pays où le taux de mortalité des nouveau-nés des familles noires est plus élevé que dans les pires bidonvilles du tiers monde. Un pays où les écoles des enfants noirs ressemblent plutôt à des prisons, tandis que les enfants blancs travaillent sur leur micro neuf dans un environnement de qualité.

Quel est ce pays ? Les États-Unis, bien entendu. C'est pourquoi j'espère pouvoir convaincre Nelson Mandela de nous aider à lancer un nouveau mouvement, contre l'apartheid *américain*, cette fois. Libérez-*nous*, Nelson Mandela !

Ça ne sera pas facile. L'apartheid américain n'est pas aussi manifeste ; il n'est pas inscrit dans la législation. En fait, contrairement à l'ancienne Afrique du Sud, aux États-Unis, les Noirs peuvent voter, être élus, être propriétaires, épouser la personne de leur choix, accéder à l'instruction supérieure et avoir recours aux tribunaux quand ils s'estiment discriminés.

Alors où est le problème ?

Je vais vous dire où est le problème.

On peut raconter ce qu'on veut, mais la question raciale aux États-Unis est loin d'être résolue. Les Blancs prétendent que la situation s'est nettement améliorée. Il n'y a qu'à voir les Noirs qui sont élus au Congrès ou les progrès de la classe moyenne noire. Et tous les Noirs qui passent à la télévision. Il y a même un bon nombre de Blancs pour estimer que la discrimination positive en faveur des Noirs est allée trop loin. « Si j'étais noir, je suis sûr qu'ils m'auraient embauché. » Si je gagnais un dollar chaque fois que j'entends cette réflexion, je serais déjà riche.

D'après le *New York Times*, certains États, comme la Pennsylvanie et l'Arizona, sont en train d'essayer de supprimer les mesures de discrimination positive. Dans plus d'une douzaine d'entre eux, on assiste à des tentatives d'amender la Constitution de l'État dans ce sens ou de soumettre les programmes de discrimination positive à référendum. Ces programmes sont également révisés en baisse au niveau de l'instruction supérieure dans des États comme la Californie, le Colorado et le Texas. Quand le nouveau gouverneur de la Louisiane, Mike Foster, est entré en fonctions en 1995, son premier décret portait sur la suppression de tous les programmes de discrimination positive de l'État. Et, au niveau fédéral, le Congrès est d'ores et déjà en train d'étudier un projet de loi qui va dans le même sens.

Aux Blancs qui estiment qu'on est allé trop loin en matière de droits civiques et que les Noirs « n'ont plus rien à exiger », je ne poserai qu'une seule question : êtes-vous prêt à échanger votre place contre un homme ou une femme afro-américains vivant aux États-Unis ? Vous voulez vraiment me faire croire que votre pensée profonde est la suivante : « Si seulement j'étais noir ! La vie serait tellement plus facile ! Je pourrais grimper tous les échelons de la société à vitesse grand V. Vous vous rendez compte ? J'habiterais une grande maison dans le quartier de mon choix, je pourrais me promener tranquillement la nuit dans les rues de mon quartier, étudier dans les meilleures universités et avoir un boulot en or. Seigneur, je vous en supplie, faites que je sois noir, noir, NOIR ! »

Permettez-moi d'en douter.

Ça fait tellement longtemps que nous refusons de voir la réalité en face que nous ne sommes même plus capables de saisir la gravité de l'apartheid américain. Pourquoi les Blancs sont-ils stupéfaits quand toute l'Amérique noire applaudit le verdict favorable à O.J. Simpson ?

Notre ignorance est impressionnante.

Mais nos compatriotes afro-américains, eux, savent à quoi s'en tenir. Voyez plutôt :

- La mortalité infantile des nouveau-nés afro-américains au cours de leur première année de vie est deux fois plus importante que celle des nouveau-nés blancs.
- Pour chaque dollar gagné par un homme blanc, un homme afro-américain gagne soixante-quatorze cents et une femme soixante-quatre. La valeur économique nette d'un Blanc est dix fois supérieure à celle d'un Noir. La famille blanche moyenne a un revenu annuel de 39 000 dollars, tandis que celui de la famille noire moyenne est de 21 550 dollars.
- L'institut de défense des consommateurs de Ralph Nader a fait une enquête auprès des banques et autres organismes de crédit de seize grandes villes : quarante-neuf d'entre eux refusent d'accorder des prêts dans les quartiers habités par des minorités. Les seize villes en question sont Boston, New York, Buffalo, Philadelphie, Pittsburgh, Baltimore, Washington, Atlanta, Miami, Chicago, Detroit, Saint Louis, Dallas, Houston, Los Angeles et Oakland.
- Les autorités scolaires de Baton Rouge, en Louisiane, ont publié en mars 1996 un rapport indiquant que les élèves noirs ont des résultats inférieurs aux blancs pour chacun des quarante-deux critères de

comparaison du programme d'évaluation scolaire de l'État de Louisiane.

- En 1994, près d'un homme afro-américain sur trois dans la tranche d'âge des vingt à trente ans était incarcéré, en liberté surveillée ou dans l'attente d'un jugement.
- En raison de ce taux d'incarcération élevé, 14 % des hommes afro-américains n'ont pas le droit de vote.

Qui est mieux placé que Nelson Mandela pour nous libérer de l'apartheid américain ?

J'ai donc appelé le consulat d'Afrique du Sud à New York. Au début, ma requête a provoqué une certaine confusion, mais la vice-consul a fini par me dire qu'elle voyait où je voulais en venir. Malheureusement, m'a-t-elle expliqué, le gouvernement sud-africain a pour principe de ne pas intervenir dans les affaires intérieures d'un autre pays. Comme je me suis permis de le lui signaler, si nous avions adopté la même attitude dans les années quatre-vingt, l'apartheid en Afrique du Sud n'aurait peut-être jamais pris fin.

Je réalisais toutefois que les États-Unis n'étaient pas complètement innocents par rapport à la situation de l'Afrique du Sud, et qu'ils avaient donc la responsabilité morale de contribuer à la disparition de l'apartheid. Un peu embarrassé, je l'ai remerciée et ai pris congé d'elle.

Au moment où j'allais raccrocher, elle ajouta : « Cela dit, n'hésitez pas à faire part de votre requête au président Mandela. Il pourrait avoir une idée, on ne sait jamais. »

J'ai ensuite appelé le groupe de Randall Robinson, TransAfrica, pour voir s'ils étaient prêts à m'aider à libérer l'Amérique noire comme ils avaient libéré l'Afrique du Sud noire.

Leur chargé de communication, Mwiza Munthali, me dit que leur champ d'intervention ne comprenait pas les États-Unis, mais me souhaita bonne chance.

Tout ça ne m'avançait pas beaucoup. À ceux qui

veulent s'associer à ma campagne contre l'apartheid américain, je propose donc les actions suivantes :

1. Exiger que nos universités refusent les dons des entreprises dont le conseil d'administration est à 100 % blanc. En voici une liste (été 1996) : American International Group (compagnie d'assurances), American Brands (cigarettes Benson & Hedges, bourbon Jim Beam), Archers Daniels Midland, Becton, Dickinson and Co. (équipement médical), Burlington Resources (pétrole et gaz), Cabletron Systems (fabricant de réseaux informatiques), Chris-Craft (fabricant de yachts), Church & Dwight Co. (la marque de bicarbonate Arm & Hammer), H.J. Heinz, Ingersoll-Rand (machines-outils, équipements pour mines et chantiers), Illinois Tool Works, James River Corporation of Virginia (gobelets jetables Dixie), Microsoft, Mylan Labs (médicaments génériques), Reynold Metal, J.M. Smucker, Safeway et Sherwin Williams.
2. Encourager les étudiants à construire des faux HLM en carton sur leur campus, du type de ceux qu'on rencontre dans les quartiers pauvres, et à refuser de les enlever tant que les banques continueront à pratiquer la discrimination raciale en matière de crédit.
3. Demander à Kweisi Mfume (le nouveau dirigeant de la NAACP) et à la dirigeante féministe Bella Abzug d'organiser des protestations quotidiennes en signe de désobéissance civique devant la Bourse de New York. Encourager les pays étrangers à organiser des actions similaires devant les ambassades des États-Unis et les sièges des multinationales américaines. Continuer à faire pression jusqu'à ce que les entreprises américaines abandonnent leurs pratiques discriminatoires.
4. Exiger la libération des dizaines de milliers de détenus afro-américains emprisonnés pour des délits non violents. Donner à chacun d'entre eux un emploi décent. La population carcérale des

États-Unis a désormais dépassé celle de l'Afrique du Sud. Cela devrait être perçu comme une honte nationale.

Le mouvement anti-apartheid des États-Unis sera peut-être un peu plus difficile à organiser que celui qui visait l'apartheid sud-africain, mais si Nelson Mandela répond à mon appel, je suis intimement convaincu qu'il peut nous aider à trouver une solution à ce terrible problème.

24

Vive le libre-échange ! délocalisons Washington à Tijuana !

En 1994, l'Accord de libre-échange nord-américain (ALENA) est entré en vigueur. Sa signature par les États-Unis est sans doute la décision politique qui a le plus contribué à la vague de licenciements dans notre pays. Chaque jour, un nombre croissant d'emplois est exporté vers le Mexique, et plus de 130 000 travailleurs américains sont d'ores et déjà au chômage pour cette raison. Depuis la signature de l'ALENA, le nombre des salariés mexicains travaillant pour des entreprises américaines a augmenté de 20 %. Ce n'est sans doute pas une coïncidence si le premier employeur au Mexique est aussi le premier « licencieur » aux États-Unis, General Motors.

Le soutien à l'ALENA est le fait d'une alliance hétérogène d'entrepreneurs, de lobbyistes et de politiciens financés par lesdits entrepreneurs, de Bill Clinton à Bob Dole. Tous ont prétendu que l'accord trilatéral entre les États-Unis, le Canada et le Mexique allait stimuler les exportations américaines et améliorer notre niveau de vie. Ils avaient raison : le salaire et le niveau de vie de nos chefs d'entreprise ont atteint un record historique.

Des politiciens opportunistes comme Pat Buchanan

et Ross Perot ont essayé de se servir du thème de l'ALENA pour engranger des voix hostiles au libre-échange. Mais Pat et Ross n'ont rien compris : l'ALENA est une idée de génie.

D'ailleurs, puisque nos dirigeants au sein du Congrès et de la Maison-Blanche sont tellement convaincus des bienfaits de l'ALENA en matière de création d'emplois et de réduction des dépenses, j'ai une petite suggestion à leur faire.

Donnez vous-mêmes l'exemple, délocalisez les organes du gouvernement à Tijuana !

Pourquoi pas ? Si ça marche pour General Motors, ça devrait marcher pour le Congrès. Les contribuables veulent moins d'État. Quelle meilleure cure d'amaigrissement pour la bureaucratie qu'un déménagement au Mexique ?

Et c'est le gouvernement fédéral lui-même qui montre la voie avec la section spécialisée du ministère du Commerce, qui aide les entreprises à naviguer à travers (et à contourner) notre législation en matière de travail, d'immigration et de commerce pour pouvoir faire des affaires au Mexique.

Imaginez un peu… au lieu de devoir payer au prix fort des coursiers officiels, les congressistes pourraient utiliser la main-d'œuvre à bon marché des gosses mexicains qui vendent des chewing-gums à la frontière ! Au lieu de se saigner aux quatre veines pour maintenir en bon état le plus grand immeuble de bureaux du monde, le Pentagone pourrait s'offrir une réplique de son siège pour une somme ridicule à Acapulco ! Et je ne vous parle pas du bureau et de la résidence du vice-président. Sincèrement, qui les regrettera ? Installez-les au Yucatán !

À mon avis, la personne la plus qualifiée pour effectuer cette opération est Lawrence Bossidy, P-DG d'Allied Signal. Il a déjà montré l'exemple en exportant au Mexique des emplois qui contribuaient à l'économie de cinq villes des États-Unis : El Paso, Texas, Orangeburg, Caroline du Sud, Greenville,

Alabama, Eatontown, New Jersey, et Greenville, Ohio. Bossidy gagne déjà 12,4 millions de dollars par an, soit plus que la totalité des salaires annuels de ses 3 800 salariés de Monterrey, au Mexique. Je vous laisse le soin d'imaginer la coquette somme qu'il pourrait ajouter à ce pactole s'il organisait le déménagement de tous les organes du gouvernement américain chez notre voisin du Sud !

À mon avis, la première institution concernée devrait être justement le quartier général de l'ALENA, à savoir le ministère du Commerce. Ce qui tombe bien, parce que personne n'aime vraiment cet organisme. Les capitaines d'industrie n'apprécient guère que des bureaucrates viennent leur dire comment mener leur barque en matière de commerce. Quant aux républicains, même s'ils ont adopté un profil bas pendant quelques semaines après la mort du ministre du Commerce Ron Brown, ils ont vite surmonté leur douleur et carrément exigé le démantèlement de son ministère.

Mais je suis surpris qu'ils aient négligé de prendre en compte ce qui m'apparaît comme la solution la plus évidente à l'inflation bureaucratique : délocaliser le ministère du Commerce au Mexique permettrait tout à la fois d'économiser des millions de dollars sur le budget fédéral et d'en faire une vitrine du succès de l'ALENA. Il y a au moins trois excellentes raisons d'effectuer ce déménagement :

1. Des économies substantielles. Le ministère du Commerce est un gouffre où s'engloutit l'argent des contribuables. À eux seuls, les salaires de ses employés représentent une somme de 1,6 milliard de dollars. Des travailleurs mexicains qualifiés pourraient parfaitement accomplir les mêmes tâches pour un coût infiniment moindre. Quant à l'immeuble du ministère, il est situé au cœur de la capitale. C'est carrément de l'immobilier de luxe. Imaginez un peu le montant des loyers que l'Oncle Sam pourrait empocher en mettant sur le marché ces cent mille mètres carrés de bureaux !

2. Un exemple à suivre. Le déménagement du ministère du Commerce au Mexique serait un bon exemple pour toutes les entreprises du pays et montrerait à tous les Américains que le gouvernement est conséquent dans ses actes. Les gens ne cessent de se plaindre du double langage des autorités fédérales, qui font des beaux discours mais se gardent bien de les mettre en pratique. Quelle meilleure preuve de cohérence avec les principes de l'ALENA que de délocaliser l'institution qui s'en est faite le principal promoteur chez nos voisins du Sud ?

3. Une plus grande facilité d'accès. D'un point de vue logistique, il est tout à fait approprié d'installer le ministère du Commerce au Mexique, vu que c'est dans ce pays que travaillent des milliers d'entreprises américaines. Quel meilleur site opérationnel pour l'administration du commerce international, le Bureau des exportations et l'Office des industries du tourisme que le centre de Tijuana ?

J'admets que mon idée, dans un premier temps, puisse ne pas convaincre les fonctionnaires du ministère. C'est compréhensible. Près de 19 000 salariés basés à Washington risqueraient de perdre leur travail si ma proposition se concrétisait. Mais le président Clinton adore citer les résultats d'une étude faite au niveau national qui prétend que plus d'un quart de tous les salariés licenciés finiront par trouver un nouvel emploi au moins aussi bien payé que l'ancien. Il faut donc voir le bon côté des choses ! Quant aux autres trois quarts, ils n'auront pas tout perdu : si jamais ils reçoivent un jour de nouveau un revenu quelconque, ils paieront moins d'impôts grâce aux économies permises par la délocalisation du gouvernement au Mexique. Je suis sûr qu'ils y gagneront eux aussi par ce biais.

Mais il y a mieux : pendant qu'ils sont au chômage, les employés du ministère du Commerce ont droit à 78 semaines d'indemnités (pouvant atteindre jusqu'à 50 % de leur ancien salaire !) et jusqu'à deux ans de formation payée par l'État (y compris, pourquoi pas, des cours d'espagnol pour mieux se préparer à leur futur environnement de travail).

Étant donné que le nouveau ministre du Commerce n'est autre que Mickey Kantor, l'homme qui a négocié l'ALENA au nom de l'administration Clinton, cette délocalisation serait un signe de bonne volonté de sa part. Heureusement, je suis sûr que ses 23 conseillers et assistants et ses 218 collaborateurs sauteront sur l'occasion et sauront vendre mon projet aux autres employés du ministère et au pays tout entier.

Le Congrès étant en vacances au moment où j'ai eu cette idée, j'ai décidé de prendre personnellement l'initiative en main. J'ai d'abord appelé le ministère du Commerce et parlé avec une fonctionnaire chargée des questions concernant l'ALENA. Je lui ai dit que j'avais l'intention d'effectuer une importante délocalisation au Mexique. Cette personne s'est montrée fort coopérative et m'a faxé toute une documentation gratuite, accompagnée d'une liste de numéros de téléphone et de toutes sortes d'indications utiles pour mettre en œuvre mon projet. Entre autres documents officiels du ministère, citons :

- Document 8106 : liste de périodiques mexicains publiant des annonces de recrutement.
- Document 8308 : informations sur les procédures d'immigration au Mexique dans le cadre d'une délocalisation d'entreprise.
- Document 8502 : guide du Code du travail et de la Sécurité sociale mexicain.
- Document 8203 : liste des chambres de commerce et autres organismes susceptibles d'aider les entreprises américaines à opérer au Mexique.
- Document 8113 : quelques faits économiques de base sur le Mexique.

Grâce à ces documents gracieusement fournis par le ministère lui-même, j'ai fait publier des annonces de recrutement dans les villes frontalières de Nuevo

Laredo, Piedras Negras, Reynosa, Ciudad Juárez et Tijuana pour solliciter les candidatures de travailleurs mexicains qualifiés à un emploi au sein du ministère du Commerce américain.

Le texte de l'annonce était le suivant :

Dans la perspective de l'ouverture de nos bureaux dans votre ville, nous offrons des postes de secrétaires, de comptables et de cadres. Envoyez votre candidature à Ded Productions, PO Box 831, Radio City Station, New York, New York 10101.

J'ai reçu des centaines de réponses de Mexicains mourant d'envie de travailler pour une entreprise américaine.

L'étape suivante a consisté à mener une discrète enquête auprès d'agences immobilières de la même région en vue de louer ou d'acheter environ cent mille mètres carrés de bureaux. J'ai ainsi découvert que les prix de l'immobilier dans une zone de cinq cents mètres maximum de la frontière (facile d'accès pour les hauts fonctionnaires souhaitant habiter aux États-Unis et aller travailler tous les jours au Mexique) vont de 25 à 31 pesos le mètre carré (trois à quatre dollars), selon le site et les facilités existantes. Certes, il n'est pas très facile de trouver un immeuble de cent mille mètres carrés, mais j'ai cinq agents immobiliers sur la piste dans toute la région.

J'ai également appelé l'ambassade des États-Unis à Mexico et me suis entretenu avec Angeles Avila, une spécialiste du service commercial de l'ambassade. Je lui ai expliqué que je voulais délocaliser des bureaux au Mexique pour réduire mes coûts salariaux. Elle s'est, elle aussi, montrée tout à fait encourageante et m'a faxé treize pages d'adresses et de références utiles en matière d'immobilier, de ressources humaines et de recrutement, ainsi que les formulaires officiels à remplir pour établir une entreprise étrangère au Mexique, le tout gracieusement offert par le gouvernement des

États-Unis. Elle m'a également fourni le numéro de téléphone de Manpower Mexique.

Au siège de cette fameuse agence de travail temporaire, Perla Galarza s'est dite prête à me fournir des centaines d'employés de bureau bilingues (« leur niveau d'anglais est très bon, même s'il n'est pas parfait ») à 3,73 dollars de l'heure. À comparer avec les 10 à 15 dollars de l'heure plus charges gagnés par les secrétaires du secteur public fédéral aux États-Unis. Une seule année d'économies faites sur la masse salariale permettra déjà de rembourser tous les frais de réinstallation.

C'est comme ça qu'en moins d'une semaine j'ai pu accomplir pratiquement toutes les démarches préalables à la délocalisation du ministère du Commerce des États-Unis dans l'une des cinq villes mexicaines mentionnées précédemment. Le plus dur était fait.

Au Congrès et au président de s'y mettre, maintenant. Et si notre exécutif ou nos représentants n'osent pas se jeter à l'eau, j'ai une dernière suggestion : en ayant simplement recours à la *menace* de la délocalisation et de licenciements massifs, on peut amener les employés du ministère à accepter une baisse de 20 % de leurs salaires.

En tout cas, c'est un truc qui marche *à tous les coups* dans le secteur privé.

Hasta luego, el Comercio !

25

Et si General Motors vendait du crack ?

On entend souvent les chefs d'entreprise proclamer que « c'est le profit qui compte avant tout ». C'est leur refrain favori.

« Le profit est roi » est une autre variation sur le même thème. Mais vous ne les entendrez jamais dire : « C'est moi qui paie l'addition. » Ça voudrait dire moins de profit. Or, tout tourne autour du profit. Quand ils parlent de « bilan », ils veulent parler de leurs profits. Le bilan positif, pour eux, c'est un chiffre avec beaucoup de zéros.

Si je gagnais cinq cents chaque fois que j'entends un type en costard-cravate me déclarer que « le devoir d'une entreprise est de s'efforcer de faire un maximum de profit », je ne vous dis pas la gueule de mon bilan. Un autre mantra capitaliste en vogue : « Un chef d'entreprise a pour responsabilité de multiplier les dividendes de ses actionnaires. »

Qu'est-ce que vous dites de cette petite leçon de capitalisme ? On me la ressert chaque fois que je voyage en avion. Les travailleurs du bilan ont tous vu *Roger et Moi*, mais ils ont tendance à confondre le fuselage d'un DC-9 avec un séminaire de la Harvard Business School. Je dois donc à chaque fois me taper d'interminables discours sur la beauté de notre système de libre marché.

Aujourd'hui, mon voisin est le propriétaire d'une entreprise américaine d'équipements de bureau – fabriqués à Taiwan. Je me permets de lui poser la question suivante : « "Suffisamment", pour vous, ça voudrait dire quoi ?

— Suffisamment de quoi ?

— Suffisamment de profit. »

Il éclate de rire et me dit : « Mais on ne fait jamais "suffisamment" de profit !

— Bon, alors, mettons que General Motors fasse sept milliards de dollars de bénéfices, mais qu'ils puissent en faire un million de plus en fermant leur usine de Parma, dans l'Ohio, et en la délocalisant au Mexique. Ça ne vous dérange pas ?

— Non seulement ça ne me dérange pas, mais j'estime que c'est leur devoir de fermer cette usine et d'augmenter leurs bénéfices d'un million de dollars.

— Même si ça détruit complètement l'économie de la ville ? Pourquoi ne peuvent-ils pas se contenter de sept milliards et préserver le tissu social de Parma ? Pourquoi ruiner des milliers de familles pour un petit million de dollars ? Vous trouvez ça *moral* ?

— Moral ? (On aurait dit que c'était la première fois qu'il entendait ce mot depuis sa première communion.) Ça n'a rien à voir avec la morale, c'est une question purement économique. Une entreprise a le droit de faire tout ce qu'elle veut pour faire du profit. »

Et se penchant sur moi comme pour me faire une révélation extraordinaire, il ajoute :

« Vous savez, c'est le profit qui compte avant tout. »

Et c'est là que quelque chose m'échappe : si c'est le profit qui compte avant tout, pourquoi une entreprise comme General Motors ne se met-elle pas à vendre du crack ? Après tout, le crack est une marchandise hyper-rentable. Cinq cents grammes de cocaïne transformée en crack rapportent au dealer environ 45 000 dollars, alors que le bénéfice de la vente d'un véhicule pesant une tonne est seulement de 2 000 dollars. En plus, le crack est moins dangereux que les automobiles. Chaque année, 40 000 personnes meurent dans un accident de voiture, alors que, d'après les statistiques officielles, le crack fait seulement quelques centaines de victimes par an. Et en plus, il ne pollue pas.

Alors pourquoi General Motors ne vendrait-il pas du crack ? Si le profit passe avant toute autre considération, pourquoi ne pas vendre du crack ?

General Motors ne vend pas de crack parce que c'est illégal. Et pourquoi est-ce illégal ? Parce qu'en tant que société, nous estimons que le crack détruit la vie des gens. Qu'il désagrège le tissu social. Qu'il menace la substance même de notre vie nationale. C'est la raison pour laquelle nous ne saurions autoriser une entreprise comme General Motors à en vendre, quels qu'en soient les avantages en termes de profit.

Si nous ne laissons pas General Motors vendre du crack parce que ça détruirait le tissu social, pourquoi laissons-nous General Motors licencier des milliers de travailleurs ? *Ça aussi*, ça détruit le tissu social.

Comme dirait mon voisin du DC-9 : « Nous ne pouvons pas les empêcher de licencier parce qu'une entreprise a le droit de faire tout ce qu'elle veut pour faire du profit. »

Pas d'accord. Il y a tout un tas de choses qu'une entreprise n'a pas le droit de faire : vendre de la pornographie infantile, fabriquer des armes chimiques ou inventer des produits toxiques dangereux, toutes choses qui pourraient lui rapporter de juteux profits. Il y a des lois qui nous protègent de ce type d'activités nocives de la part des entreprises.

Mais il y a une activité nocive face à laquelle nous ne sommes pas protégés, les licenciements. Je ne parle pas des réductions d'effectifs légitimes et inévitables, quand une entreprise n'a simplement plus assez de liquidités en réserve pour payer ses salariés. Je parle d'entreprises comme General Motors, AT&T et General Electric, qui virent leurs salariés alors qu'elles font des profits records qui se chiffrent en milliards de dollars. Les patrons qui se livrent à ce type d'opérations ne sont pas honnis, vilipendés ou mis en prison, non, ils sont traités comme des héros ! Ils ont droit à leur photo en couverture des grands hebdos économiques. Ils sont invités par la Harvard Business School pour y parler de leurs succès. Ils financent les campagnes électorales et ont le droit de s'asseoir à côté du président des États-Unis. Ils sont considérés comme les Maîtres de l'Univers simplement parce qu'ils ont fait d'énormes profits sans aucune considération pour les conséquences sociales de leur action.

Qu'est-ce que c'est que cette folie ? Pourquoi permettons-nous que de telles choses se passent ? On ne peut pas gagner de l'argent grâce au travail des autres et se débarrasser de ces travailleurs aussitôt cet argent empoché. C'est *injuste*. Un P-DG ne peut pas gagner des millions de dollars quand il détruit les moyens de subsistance de 40 000 familles. C'est *immoral*. Et on ne peut pas permettre aux entreprises américaines de se délocaliser outre-mer aux dépens de nos concitoyens. C'est tout simplement *absurde*.

Quand une entreprise licencie 5 000 personnes, que se passe-t-il ? La délinquance augmente, les suicides augmentent, la drogue, l'alcoolisme, la violence domestique, tous ces phénomènes négatifs tendent à augmenter dangereusement. C'est la même chose avec le crack, sauf que le crack est illégal, pas les licenciements. Si on vendait du crack dans votre quartier, qu'est-ce que vous feriez ? Vous essaieriez de vous en débarrasser !

Je crois qu'il est temps que nous appliquions aux licenciements en masse la même politique que nous appliquons au crack. C'est bien simple, si c'est une menace pour nos concitoyens, ça devrait être illégal. Nous vivons en démocratie. Nous appliquons des lois fondées sur notre sens du bien et du mal. L'homicide ? Mal, et donc illégal. Cambriolage ? Mal, et nous poursuivons ceux qui s'en rendent coupables. Deux gorilles de l'équipe de sécurité de Gingrich me passent à tabac après avoir lu ce livre ? Cinq à dix ans à Sing Sing.

En tant que société, nous avons le droit de nous protéger de tout ce qui peut nous nuire. En tant que démocratie, nous avons la responsabilité d'édicter des lois qui nous protègent de tout ce qui peut nous nuire.

Voilà quelques exemples de mesures de protection :

1. Interdire aux entreprises de fermer des usines rentables et de les délocaliser outre-mer. Si elles délocalisent à l'intérieur des États-Unis, elles doivent payer des réparations à la localité qu'elles abandonnent. Notre législation sur le divorce comprend une loi qui décrète que si une femme a travaillé dur pour que son mari puisse poursuivre ses études et qu'il décide de l'abandonner après avoir atteint le succès professionnel, il lui doit des compensations financières pour les sacrifices qu'elle a dû faire pour lui permettre de faire fortune. La même règle devrait prévaloir pour le « mariage » entre une entreprise et une communauté. Si une entreprise fait ses bagages et abandonne son partenaire, elle devrait payer une pension alimentaire consistante.
2. Interdire aux entreprises de monter les villes ou les États les uns contre les autres et de profiter de leur rivalité. Nous sommes tous américains. Si certains d'entre nous gagnent aux dépens des autres, ce n'est en réalité une victoire pour personne. On ne devrait pas permettre que le Texas vole les emplois du Massachusetts, par exemple. C'est pratiquement une forme d'extorsion légale qui nous affaiblit tous.
3. Instituer une taxe de 100 % sur les bénéfices des actionnaires quand la hausse de la valeur de leurs actions est due à des annonces de licenciements. Il y a des mauvaises nouvelles qui ne devraient profiter à personne.
4. Interdire que les salaires des chefs d'entreprise soient plus de trente fois supérieurs à ceux du salarié moyen. Quand les travailleurs doivent accepter une

réduction de leur salaire parce que l'entreprise est dans une mauvaise passe, le P-DG devrait faire de même. Si un P-DG licencie un grand nombre de salariés, il ne devrait pas avoir droit à des primes ou des augmentations substantielles pendant un an.

5. Les conseils d'administration des entreprises devraient accueillir des représentants des travailleurs et des consommateurs. Une entreprise sera mieux gérée si elle doit écouter la voix des gens qui fabriquent ou achètent ses produits.

Quant aux défenseurs du libre marché qui sont en désaccord avec ces modestes suggestions, s'ils ont l'occasion de me rencontrer dans un DC-9, rien ne leur servira de me hurler : « Vous ne pouvez pas dicter leur comportement aux entreprises ! » Mais si, la société a parfaitement le droit de le faire, et elle le fait d'ailleurs déjà en exigeant des entreprises qu'elles respectent des normes de sécurité en matière de produits comme en matière d'environnement de travail, en définissant un salaire minimum, en leur faisant payer des charges sociales et en leur imposant toute une série de règles qu'elle estime indispensables pour le bien-être de ses membres. Il n'y a donc pas de raison de ne pas inscrire dans la loi toutes les mesures que je recommande.

General Motors n'a pas le droit de vendre du crack. Je suis convaincu que le jour viendra rapidement où cette entreprise, et toutes les autres, n'auront pas non plus le droit de nous mettre sur le pavé à volonté. Continuez à licencier, mes amis, et vous verrez ce qui va se passer.

26

Je veux mon abattement fiscal ou je déménage

À l'Honorable Rudolph Giuliani
Maire de New York
City Hall
61 Chambers Street
New York, New York 10007

Monsieur le Maire,

J'ai remarqué que la municipalité a accordé un certain nombre d'exemptions et d'abattements fiscaux ces derniers temps. D'après vos explications, c'est indispensable si nous voulons que les entreprises restent à New York. Si nous n'allégeons pas leur fardeau fiscal, elles iront s'installer dans le New Jersey.

Je comprends votre préoccupation. Nous devons essayer de préserver les emplois des New-Yorkais. Sans parler des revenus fiscaux.

C'est pourquoi je vous écris. Je pense que ma présence dans cette ville offre également des avantages économiques – peut-être même plus que celle de la banque Boston First, à laquelle vous avez fait cadeau de cinquante millions de dollars. Ce qui ne les a pas empêchés par la suite de supprimer 900 emplois. Vous pensez bien que, de mon côté, il ne me viendrait jamais à l'idée de faire une chose pareille si vous me faisiez une petite faveur du même style.

Je m'explique.

Depuis que je suis arrivé à New York il y a quelques années, j'ai payé plus de 30 000 dollars d'impôts locaux, ce qui suffit pour payer le salaire annuel de votre jardinier. Je sais que vous aimez beaucoup votre jardinier et que vous seriez fort peiné de perdre ses services si je devais quitter la ville.

Attention, j'ai dit « si ». Surtout, ne prenez pas ça comme une menace. J'ADORE NEW YORK ! Vous connaissez Flint, dans le Michigan ? En tout cas, si vous connaissiez, vous aussi, vous ADORERIEZ New York.

Ma présence dans votre ville a également des effets bénéfiques en matière d'emploi. Mon travail contribue en effet à faire vivre d'une manière ou d'une autre des centaines d'individus : employés de magasins de vidéo, conducteurs de métro, avocats de Warner Bros., installateurs de câble, livreurs de plats chinois à domicile, avocats de NBC, guichetiers de cinéma, contractuelles, avocats de la Fox, barmen, censeurs, employés de Tower Records, le curé de la paroisse de Holly Trinity, avocats de l'éditeur Random House, le gosse qui arrose mes plantes quand il n'y a personne chez moi, etc.

Comme vous le voyez, ça fait pas mal de gens qui me doivent en partie leur gagne-pain depuis quelques années. Sans parler des fonctionnaires qui n'arrêtent pas de m'envoyer des lettres recommandées pour que je fasse mon devoir de juré. Bref, si je devais quitter la ville, ça aurait des conséquences fort désagréables pour les individus susnommés. Imaginez un peu ce que ça coûterait aux finances locales s'ils devaient se retrouver au chômage.

Ai-je parlé de « quitter la ville » ? Veuillez pardonner cette formule excessive. Vous pouvez écarter sans crainte cette éventualité : loin de moi l'idée de prendre une mesure aussi radicale !

Outre les avantages évidents du maintien de ma résidence à New York (mais pourquoi parler de « maintien » ? Où diable pourrais-je bien aller ?) en matière d'emploi et d'impôts, il y a d'autres raisons qui font de moi le citoyen idéal pour votre ville. J'obéis scrupuleusement à toutes les lois, je ne pollue pas l'Hudson (j'envoie toutes mes ordures à Orange County, en Californie !), je ne contribue pas aux embouteillages (pas de voiture !) et je sponsorise généreusement diverses activités artistiques, en particulier les excellents karaokés de la ville.

Je vous remercie de bien vouloir prendre le temps de considérer ma requête. Un abattement de 50 % sur mes impôts locaux pendant les vingt prochaines années me paraîtrait tout à fait susceptible de me convaincre de ne pas relocaliser les nombreux emplois et sources de revenu que suscite mon activité vers ma région d'origine, l'État du Michigan, où les gens ont désespérément besoin de bénéficier de ma générosité.

Veuillez agréer, Monsieur le Maire, etc.

Michael Moore

À l'Honorable Woodrow Stanley
Maire de la Ville de Flint
City Hall
South Saginaw Street
Flint, Michigan 48502

Monsieur le Maire,

Je sais qu'il y a bien longtemps que nous n'avons pas conversé – et on me dit que vous êtes encore furieux contre moi à cause de Roger et Moi *–, mais je crois pouvoir vous faire une offre que vous pouvez difficilement refuser.*

Au cours des dix-huit dernières années, vous avez

voté personnellement pour tous les abattements fiscaux demandés à la municipalité par General Motors. Cette entreprise, qui possède à Flint des biens immobiliers d'une valeur de 1,8 milliard de dollars, a obtenu de ne pas payer pendant douze ans près de 50 % des impôts locaux qu'elle doit sur ses propriétés.

Le résultat de cette générosité de votre part, c'est que la ville et les écoles municipales se sont retrouvées sans un sou. Les services municipaux ont dû être drastiquement révisés à la baisse (vous vous rappelez l'époque où la collecte des ordures ne pouvait plus être faite qu'une fois toutes les deux *semaines ? Berk !) et certains établissements scolaires ont dû fermer leurs portes. Vous avez dû être passablement choqué de voir que, pendant tout ce temps, General Motors n'a pas créé un seul emploi, et c'était une preuve de grande magnanimité de votre part que de ne pas annuler ces abattements d'impôts.*

Mais je sais bien que vous avez besoin de pépettes. J'ai donc une proposition à vous faire. Offrez-moi un abattement de 100 % et je relocalise toute mon équipe de production à Flint !

Eh oui, films, télévision, publications, et même Holiday On Ice, *si vous voulez, je vous amène tout ça sur un plateau. Imaginez un peu le tableau : FLINT, LA CAPITALE DU SHOW BUSINESS DANS LE MIDDLE WEST !*

Il paraît que vous avez fait démolir le parc à thème AutoWorld, ce magnifique hommage à l'industrie automobile que le conseil municipal avait fait construire dans l'espoir d'attirer à Flint des millions de touristes par an. Vous n'auriez pas dû faire ça, mon équipe aurait pu s'y installer – sans payer de loyer, bien entendu. On aurait pu l'appeler « MikeWorld » ! Oublié Hollywood, toute l'Amérique aurait couru à MikeWorld pour passer à la télé ou dans un film !

Bon, tant pis, vous voyez un autre endroit pour nous accueillir ?

Allez, Woody, si tu acceptes ma proposition, tu as

tout à y gagner : plus de recettes fiscales, plus d'emplois, des hôtels pleins de touristes et, par-dessus le marché, tu sauves tes fesses aux prochaines élections ! Une offre comme ça, ça ne se refuse pas !

Fais un effort, délivre-moi de New York, cette ville horrible où on ne peut pas trouver un bon burger à moins de dix dollars !

Avec toute ma solidarité,

Michael Moore

27

Dix façons de dégraisser les patrons

Si vous en avez marre des queues aux portes des agences de l'emploi, des préavis de licenciement, des camions de déménagement, de sortir du boulot tard dans la nuit, des HMO qui vous refusent une visite médicale, des répondeurs automatiques qui remplacent les personnes en chair et en os au bout du fil, des impôts que vous payez au profit de l'aide fédérale aux entreprises et de vivre dans la crainte constante d'être viré avant l'heure du déjeuner, il est temps de prendre votre revanche. C'est au tour des patrons de trembler pour leur emploi. Rendez-leur la monnaie de leur pièce. Il vous suffit d'adopter l'une des dix méthodes décrites ci-dessous :

1. Dénoncez-les. Pour vous débarrasser de votre patron ou sanctionner votre entreprise, rien de tel que de les dénoncer aux autorités pour violation de la législation en vigueur. Vous travaillez sur place tous les jours. Vous observez ce qui se passe. Il n'est pas d'entreprise qui n'ait un ou deux cadavres dans le placard, alors ouvrez le placard. Demandez à vos camarades de travail de se joindre à vous et formez l'équivalent de ces comités de quartier qui veillent à la délinquance en contact avec les patrouilles de police. Votre entreprise se débarrasse de ses déchets toxiques dans la nature ? Dénoncez-la. Elle fraude le fisc ? Dénoncez-la. Le patron trace une petite croix rouge sur le dossier de candidature d'un salarié noir ? Dénoncez-le. Il finance illégalement une campagne électorale, il utilise des aides fédérales pour s'acheter un yacht, il viole les règlements locaux sur le recyclage des déchets ? Dénoncez-le, dénoncez-le, dénoncez-le !

Mais n'oubliez pas une chose : la justice ne fait pas toujours bien son boulot, alors n'hésitez pas à donner un coup de fil à la rédaction du journal télévisé.

2. Ne faites pas trop de zèle. Si vous travaillez trop dur et permettez aux profits de votre entreprise de monter en flèche, vous risquez fortement de perdre votre boulot. Quand une entreprise marche trop bien, elle peut rapidement devenir la cible d'une OPA. Si votre entreprise exhibe une productivité exceptionnelle et démontre que chacun de ses salariés peut exécuter le travail de deux personnes, ses dirigeants peuvent se faire un joli pactole au moment de fusionner. Si vous voulez priver vos patrons de leurs stock options et de leurs fabuleuses primes de reconversion, arrangez-vous pour que leurs performances ne soient pas *trop* brillantes. Persuadez vos camarades de ne pas faire de zèle. Sabotez le plan de production pour ce fameux nouveau marché en Tanzanie. Utilisez à fond tous vos congés maladie. Mais prudence : n'exagérez pas trop non plus dans ce sens, sinon vous risquez de couler votre boîte et de faire licencier vos camarades au lieu du patron.

3. Faites adhérer vos camarades au syndicat. Vous pouvez obtenir des cartes d'adhésion au siège de n'importe quelle union locale. Amenez-en un stock sur votre lieu de travail, faites-vous aider à les distribuer discrètement, enregistrez les adhésions et, au bout de quelques mois, fondez votre section syndicale. Vos patrons se feront aussitôt passer un savon par le siège de leur entreprise pour leur manque de vigilance, et ils seront sans doute virés ou transférés. Quant à vous, vous avez désormais les moyens de lutter contre de futurs licenciements. Ça ne veut pas dire que vous gagnerez à tous les coups, mais c'est toujours mieux que la situation actuelle, où vous êtes absolument sans défense.

4. Ne jetez rien. Les entreprises et leurs dirigeants ont l'habitude irréfléchie de garder une trace écrite de pratiquement tout ce qu'ils font. Fouillez les poubelles et conservez tout : les comptes rendus des réunions secrètes de la direction, les rapports internes sur le harcèlement sexuel dans l'entreprise, la disquette où sont enregistrées les deux versions (l'officielle et l'officieuse) du bilan comptable. Tout ça peut s'avérer un jour très utile et vous aider à bloquer une OPA, à forcer le P-DG à démissionner ou à traîner votre entreprise devant une commission d'enquête du Congrès.

5. Créez un site Web. La toile, du moins jusqu'à maintenant, est un formidable espace public égalitaire. Sachez l'utiliser. Créez un site spécialisé sur les méfaits, les mécomptes et les mésaventures de votre entreprise. Accueillez les trouvailles d'autres salariés. L'anonymat est garanti et vous êtes sûr de vous amuser. Imaginez un peu les dégâts que vous pouvez provoquer. Un exemple : vous travaillez pour General Dynamics. Vous créez un site intitulé « General Dynamites ». Vous y décrivez tout ce que vous observez sur votre lieu de travail : le bâclage du dernier contrat public, les surcoûts injustifiables, les séances de golf du patron aux frais des contribuables. Et vous pouvez contempler avec délices le spectacle du joli bordel que vous avez créé sur l'autoroute de l'information.

6. Filmez votre propre documentaire. Vous connaissez l'histoire de ce type qui était P-DG d'une très grosse boîte ? On a tourné un documentaire sur lui, et il ne s'y est pas vraiment laissé voir sous son meilleur jour. Cinq mois plus tard, il a dû prendre une retraite anticipée. C'est une histoire authentique. Votre P-DG est-il prêt à subir le même traitement cinématographique ? Si vous savez charger une pellicule et appuyer sur le bouton ON, vous pouvez vous lancer.

7. Faites poursuivre votre entreprise par les autorités locales. Votre municipalité lui avait accordé un abattement d'impôts parce qu'elle avait promis de créer des emplois, au lieu de quoi elle en a supprimé. Ça s'appelle une rupture de contrat. Si elle menace de quitter la ville au cas où l'abattement ne lui serait pas accordé, ça s'appelle une tentative d'extorsion. Lancez une campagne pour convaincre les autorités locales de poursuivre en justice votre entreprise et ses dirigeants. À titre de réparation, exigez le paiement d'une amende substantielle et le licenciement des responsables de ce pillage des fonds municipaux.

8. Présentez-vous aux élections. Oui, vous. Et nous devrions être beaucoup plus nombreux à le faire si nous voulons mettre un peu d'ordre dans les affaires publiques de ce pays. Ce n'est pas si difficile. Rassemblez quelques signatures en soutien à votre candidature, élaborez une bonne plate-forme électorale, faites du porte-à-porte dans tous les quartiers de la ville et refusez d'accepter des contributions de plus de cent dollars. Si vous êtes suffisamment nombreux à entrer au conseil municipal ou à l'assemblée législative de l'État, les patrons n'ont plus qu'à bien se tenir. Nous avons encore le droit légitime de leur dicter leur conduite, alors faisons usage de ce droit avant qu'il ne soit trop tard.

9. Habillez-vous comme le patron. Tous les ans, à Flint, tous les travailleurs arrivent en chemise blanche sur la chaîne de montage pour rappeler à la direction qu'ils font partie de la même espèce que leurs tauliers. On devrait organiser plus souvent ce genre d'actions symboliques. Imaginez tous les salariés de l'atelier de réparation en costard-cravate. Ou l'équipe de maintenance en costume trois pièces. Quel spectacle surréaliste ! Ce n'est pas comme ça que vous allez virer votre P-DG, mais vous êtes sûr de provoquer de sacrés troubles psychologiques chez les cadres supérieurs. N'hésitez donc pas à profiter de chaque occasion de fomenter le sentiment d'insécurité générale qui doit leur coller à la peau.

10. Proposez de suspendre toutes les mesures décrites ci-dessus si... Si l'entreprise change ses statuts pour y inscrire la formule suivante : « Le conseil d'administration sera composé à 51 % de représentants du personnel salarié de l'entreprise. » Notre démocratie ne sera authentique que le jour où elle sera aussi une démocratie *économique*.

28

La milice de Mike

Vous ne vous sentez pas un peu à l'écart du mouvement des milices, par hasard ? On dirait que tout le monde a sa milice par les temps qui courent.

Il faut dire que c'est assez excitant : on crapahute dans les bois, on s'entraîne au tir, on guette l'apparition d'hélicoptères noirs◇ qui transportent des agents secrets du gouvernement, ou pire, des Nations unies ! Génial ! Sauf que tous ces miliciens sont passablement frappés. Et poilus avec ça. Des gros gars poilus remplis de bière et armés jusqu'aux dents, ce n'est pas vraiment comme ça que je conçois un week-end sympa.

J'ai donc décidé de créer une alternative pour tous ceux qui ont vraiment les boules mais qui n'en sont pas au point de vouloir renverser le gouvernement des États-Unis et le remplacer par un tas de gros balèzes poilus. J'ai l'intention de former ma propre milice, la milice de Mike, un groupe *ad hoc* pour tous ceux qui ont horreur des armes à feu. Pas de cotisations, pas de réunions dans les bois et pas de papier à en-tête. Voici les objectifs de la milice de Mike :

1. Mettre en pratique les initiatives recommandées par ce livre, depuis la protection du droit à la vie des spermatozoïdes jusqu'à la chasse aux délinquants en

col blanc et aux entreprises qui pillent l'argent des contribuables.
2. Organiser une tombola : premier prix, une croisière avec Nancy Reagan ; deuxième prix, une soirée avec la première femme de Newt Gingrich. Les bénéfices recueillis permettront aux membres de la milice de se payer des séjours dans des endroits vraiment super cool, comme la bibliothèque Richard-Nixon ou le championnat national de catch, et de participer à des activités de choix : une partie de golf avec O.J. Simpson et l'ASMBF (Association de solidarité avec les maris qui battent leur femme), une nuit dans la cabane de Unabomber, dans les espaces vierges du Montana.
3. Éliminer les milices d'extrême droite.

Une fois mon projet bien ficelé, je décidai d'aller visiter l'ancêtre de tous les chefs de milice, le commandant Norman Olson, cofondateur de la milice du Michigan.

Quelques jours après l'attentat d'Oklahoma City, Norm a connu la notoriété nationale quand les médias ont révélé que Timothy McVeigh et Terry Nichols s'étaient entraînés avec la milice du Michigan avant d'entreprendre leur action meurtrière. Ils avaient appris à fabriquer des bombes dans l'arrière-cour d'une ferme au nord-est de Flint. Le commandant Olson était d'un seul coup devenu un homme en vue. C'est la raison pour laquelle je voulais le rencontrer.

Il m'accueillit sur le seuil de son domicile, dans le nord du Michigan, un AK-47 à la main, ce qui prouve qu'il a le sens de l'humour, ainsi qu'une disposition innée à se débarrasser des emmerdeurs dans mon genre. Lui et ses hommes étaient en tenue de camouflage et venaient juste de rentrer pour jouir d'un moment de repos mérité après une séance d'entraînement dans les bois environnants.

C'est comme ça que j'ai demandé à Norm s'il était prêt à déposer les armes et à rejoindre la milice de Mike.

« Qu'est-ce que c'est que ce truc ? »

« Vous allez voir. Faites-moi confiance. »

Aussi surprenant que ça puisse paraître, Norm et ses hommes acceptèrent de rejoindre la milice de Mike – pour une journée. Je les soumis donc à une série d'exercices épuisants. Je vous cite le procès-verbal d'une journée de manœuvres :

- 14 h 05 : Rendez-vous à la foire locale. Effectué plusieurs tours de grande roue en chantant des chansons de feu de camp. Les organisateurs sont venus nous demander de quitter les lieux.
- 15 h 12 : Défilé en file indienne jusqu'à la buvette. Consommation de burger-frites. Norm s'est servi deux fois.
- 17 h 01 : Retour chez Norm et corvée de cuisine pour tout le monde. Préparé un gâteau. Norm a insisté pour le décorer avec un drapeau américain et une croix en sucre glace de couleur rouge.
- 19 h 33 : Excursion au bord du lac Michigan. Lancé des pierres dans le lac.
- 20 h 55 : Récité des poèmes de Norm sur la jetée sur fond musical de guitare exécuté par Mike.

En tenant compte du fait qu'ils chantent tous faux, on peut considérer que Norm et ses hommes ont accompli avec succès les exercices proposés. En plus, on s'est bien marrés, et j'ai bien vu qu'ils commençaient à se laisser aller. Norm m'a dit qu'il avait grandi près de Flint, comme moi, et que sa femme était allée au lycée près de chez moi. Un des hommes de Norm était dans le même lycée que ma femme. On était tous du même coin, et notre vie avait commencé de la même façon. Ce n'est qu'ensuite que nos chemins avaient divergé.

À la fin de la journée, ils étaient tous un peu fatigués. Je leur ai demandé de prononcer un serment solennel de renonciation à la violence. Norm m'a dit qu'il n'espérait guère pouvoir survivre plus d'un an, que le jour de la confrontation finale avec les forces gouvernementales approchait et qu'il tomberait probablement au combat, en défendant ses idées. Je lui ai versé un verre de jus de fruit et souhaité bonne chance. Il m'a posé une dernière question.

« Tu sais, Mike, vous les gauchistes, vous aviez raison dans les années soixante. Le gouvernement nous a menti. C'est probablement eux qui ont tué Martin Luther King. Et nous, de notre côté, on s'est fait avoir. Alors quand même des types de droite comme nous ont fini par comprendre, dans les années quatre-vingt-dix, avec tous ces licenciements, c'est à ce moment-là qu'on aurait eu besoin de gens comme vous. Et où vous étiez passés ? »

Je ne savais pas quoi lui dire. En effet, où étaient passés les progressistes, les démocrates, les gauchistes, les féministes, les pacifistes ? Où étions-nous pour aider des gars comme Norman Olson au beau milieu du naufrage de leur rêve américain, qu'est-ce que nous avons fait pour répondre à leurs questions et contribuer à les orienter ? Ah, oui, on était sans doute à la recherche de notre moi profond.

Vous vous rappelez cet autre extrémiste du Michigan, Mark ? Il s'est fait connaître après l'attentat d'Oklahoma City à travers des émissions de radio incendiaires et les fax qu'il envoyait aux membres du Congrès et à la NRA. Et vous savez quel boulot il faisait ? Gardien et homme à tout faire dans un des établissements scolaires les plus progressistes des États-Unis, l'université du Michigan à Ann Arbor ! Et que pouvait bien foutre toute la gauche universitaire d'Ann Arbor pendant que Mark nettoyait ses parquets et ses chiottes ? Je vois d'ici le spectacle : tous ces intellos radical-chics dans une de leurs réunions politiquement correctes, en train de déblatérer sur les masses opprimées mais absolument infoutus de réaliser la présence sous leur nez de l'opprimé qui ramasse leurs tasses de café pleines de mégots détrempés. Mark avait désespérément besoin d'aide, mais pour ces gens-là, c'était l'homme invisible.

La milice de Mike va changer tout ça. Attention : pas de place pour les tire-au-flanc et les yuppies dans ma milice. On n'y sert pas de capuccino et vous ne pourrez pas y lire le *New York Times*. Il vous faudra fréquenter des gens sans éducation et pas très raffinés qui aiment bien danser à la queue leu leu. Il vous faudra peut-être même vous y mettre et danser à la queue leu leu. Voilà la liste des critères d'admission dans la milice de Mike :

1. Être un homme ou une femme.
2. Calculer votre âge depuis le jour de votre naissance et non depuis le jour de votre conception.
3. Être capable de décrire ce qui différencie le parti démocrate du parti républicain (nous acceptons les réponses « rien » et « pas grand-chose »).
4. Être capable de citer le nom d'un plus grand nombre de P-DG du palmarès de la revue *Fortune* que de personnages de la série *Friends*.
5. Regarder *Friends*, *Alerte à Malibu*, *Melrose Place*, *Walker, ranger du Texas*, et autres formes de divertissement populaire pour savoir sur quoi les masses sont branchées et pouvoir vous-même vous brancher sur les masses. Pas de concert de Tracy Chapman pendant au moins six mois.
6. Lire la presse économique, le *Wall Street Journal*, *Fortune*, *Forbes* et tous les hebdos conservateurs, le *Weekly Standard*, le *New Republic*, l'*American Spectator*, afin de savoir ce que pense l'ennemi et de comprendre pourquoi le contenu de ces périodiques séduit un si grand nombre d'Américains. Pour la même raison, vous devez aussi écouter le talk-show radiophonique ultraréactionnaire de Rush Limbaugh au moins une fois par semaine.
7. Écouter de la country-music. C'est la voix du peuple. Quand Faith Hill chante une chanson sur les femmes battues ou quand Garth Brooks met en musique une histoire qui parle des droits des homosexuels, c'est dix fois plus progressiste que tout le

rock que vous pouvez entendre sur la FM. Écoutez aussi du rap, c'est par excellence la voix de l'Amérique noire.

8. Avoir toujours une pièce de vingt-cinq cents en poche. Je ne sais pas exactement à quoi ça sert, mais j'ai appris ça chez les scouts, et ça avait l'air d'être une bonne idée. Sauf qu'à l'époque c'était dix cents.
9. Connaître les techniques d'intervention d'urgence en cas d'étouffement par absorption excessive de nourriture. S'entraîner au moins une fois par mois.
10. Éviter tous les aliments portant la mention « *Fat-Free* ». Il s'agit généralement d'une escroquerie. Ce type d'aliments contient une telle quantité de sucres, de produits chimiques et de glucides que, si vous en consommez, vous serez incapable d'accomplir vos devoirs de milicien.

❦

Bon, si vous répondez aux critères d'admission, voilà quelle est votre mission de membre de la milice de Mike :

1. S'emparer du parti démocrate et créer notre propre nouveau parti démocrate. Il suffit de procéder de la même façon que les lobbies fondamentalistes chrétiens qui se sont emparés du parti républicain. Chaque milicien doit se présenter comme délégué aux conventions du parti dans sa circonscription. C'est comme ça que nous pourrons obtenir la majorité dans les conventions locales. Avant même que l'establishment démocrate ait le temps de s'en rendre compte, ce sont *nos* candidats qui se présenteront aux électeurs. Nous joindrons nos efforts à ceux des groupes progressistes qui essaient de présenter une troisième force aux élections locales, comme le Labor Party, le New Party et le parti Vert.
2. Promouvoir au niveau local et au niveau du Congrès des mesures législatives qui limitent le pouvoir des

grandes entreprises capitalistes. Il est inadmissible que quelques-uns s'enrichissent effrontément pendant que le reste du pays est endetté jusqu'au cou.

3. Boycotter toutes les entreprises qui licencient alors qu'elles font des profits, qui ne promeuvent pas les droits des femmes et des minorités, qui contaminent l'environnement et qui offrent des conditions de travail inacceptables. Pas de justice ? Alors pas de bénéfices !
4. Ouvrir des cliniques pratiquant l'IVG partout où plus personne n'ose le faire par peur des représailles des groupes extrémistes anti-avortement, à savoir 80 % du territoire national. Tous ceux qui harcèlent les femmes demandant une IVG seront eux-mêmes harcelés dans leur paroisse, à leur domicile, sur leur lieu de travail et où qu'ils se trouvent. Rendez-leur la monnaie de leur pièce et vous verrez s'ils continuent longtemps leur petit jeu.
5. Militer pour la syndicalisation des salariés. Quand vous allez au MacDonald's, donnez à la personne qui vous sert le numéro de téléphone de la fédération des travailleurs américains, l'AFL-CIO : (800) 342-1235. Le nouveau président de l'AFL-CIO, John Sweeney (élu en 1996), est bien mieux que l'ancien et il veut vraiment organiser les travailleurs. Ils peuvent aider les salariés à se mettre en contact avec un syndicaliste local.
6. Produisez un programme sur le câble, avec du bon matériel pour que ça n'ait pas l'air trop moche. L'équipe de production de Paper Tiger TV est prête à vous aider (téléphone : (212) 420-9045). Faites de la pub pour votre programme. Arrangez-vous pour que ça soit vivant et drôle. Si vous vous contentez de réciter des slogans, la milice de Mike viendra vous débrancher.
7. La milice de Mike a son propre site web et entend utiliser activement la toile pour entrer en communication avec des sympathisants et les aider à

s'organiser. Si vous êtes allergique aux ordinateurs et/ou à l'Internet, faites un effort. Le capitalisme nous a fait un cadeau involontaire en mettant à notre disposition un outil extraordinaire qui nous permet d'entrer en contact rapidement et à bas prix avec le monde entier. Profitons-en avant qu'ils trouvent un moyen de nous en priver ! Vous pouvez nous contacter à l'adresse suivante : http ://www.michaelmoore.com

8. Le quartier général de la milice de Mike peut fournir des cassettes vidéo illustrant certaines de ses activités clandestines. On peut commander *Roger et Moi* en appelant le 1-800-700-8888. Les meilleurs moments de l'émission de télévision de Michael Moore, *The Best of TV Nation*, sont disponibles au 1-800-367-7765. Tous nos bénéfices sont réinvestis dans notre campagne pour éliminer les milices d'extrême droite. L'ami Mike, natif du Michigan, ne garde rien pour lui.

❦

La lecture de ce livre entraîne certaines obligations. Citons entre autres : faites-le circuler, faites-en des copies, servez-vous-en comme dessous de bouteille, appelez les grands studios de Hollywood et faites-leur savoir qu'ils doivent absolument tourner un film à partir de ce livre. Passez-le à des enseignants pour qu'ils s'en servent en classe.

En ville, le signe de reconnaissance des membres de la milice de Mike sera le port d'une casquette de baseball des Detroit Tigers (les vêtements portant les couleurs de l'équipe de football des Green Bay Packers sont également acceptés). Quand vous rencontrez un autre membre, touchez votre visière, répétez notre mot de passe ultrasecret (« Gingrich a obtenu seulement 20 % des voix ! ») et poursuivez vos efforts pour réformer ce pays. Si vous vous heurtez à une forme quelconque d'opposition de la part de cadres supérieurs en costard-cravate, du genre qui cherche à vous licencier, le titre de ce livre vous indique ce qu'il convient de leur répondre.

ÉPILOGUE

Depuis la première édition américaine de ce livre, j'ai reçu des tonnes de courrier. Des lettres vigoureuses, pleines d'humour et de bon sens, écrites par des milliers de lecteurs qui luttent chaque jour au cœur d'une Amérique qui refuse d'être « dégraissée ». N'hésitez pas à continuer à m'écrire.

Ma tournée de promotion, prévue au départ pour cinq villes, m'a finalement amené à en visiter quarante-sept. J'ai dû parfois parler devant un public de trois mille personnes. Une expérience vraiment incroyable. Au bout d'une semaine de voyage, j'ai décidé d'en faire un film. Ça s'appelle *The Big One*, et j'espère que vous aurez l'occasion de le voir.

Ma plus grande déception, suite à la publication de cet ouvrage, a été de ne recevoir aucun appel téléphonique de Hillary Rodham Clinton. On aurait pu penser qu'en tant que président du plus important fan club non officiel de la Première Dame, j'aurais au moins reçu une carte postale. Mais non, rien. Tant pis, je ne changerai pas d'opinion, quel que soit le nombre de scandales que les républicains essaient de lui mettre sur le dos.

Malheureusement, une de mes prophéties s'est réalisée. Aux élections présidentielles de 1996, pour la première fois, une majorité d'Américains – plus de cent millions – ont préféré rester chez eux. Quand les citoyens d'une démocratie deviennent des spectateurs passifs au lieu de participer, cette démocratie n'en a plus pour très longtemps. Nous avons besoin de changements immédiats. Procédons à la fusion officielle des partis démocrate et républicain (ils ont déjà fait la majeure partie du chemin dans ce sens) et créons un véritable deuxième parti.

En revanche, ces élections ont été porteuses d'une bonne nouvelle, à savoir la défaite d'un certain nombre de candidats conservateurs, et en particulier du congressiste républicain ultraréactionnaire Bob Dornan, représentant d'Orange County. Il faut dire que ce type est complètement frappé. Il a proféré des menaces contre le président. Un jour, il a agressé physiquement un autre membre du Congrès. Dans ses discours délirants à la Chambre des représentants, il déblatère contre les « homos » et contre tel « petit Juif fourbe et déloyal ».

Il a l'air d'être persuadé qu'une gigantesque conspiration communiste se poursuit au sein même du parti démocrate. Il a mené sa propre enquête sur le fameux accident de voiture d'Edward Kennedy à Chappaquiddick en 1969 en explorant les lieux *à la nage* pour prouver que le célèbre sénateur démocrate avait menti sur ce qui était vraiment arrivé cette nuit-là, quand sa voiture avait quitté la chaussée et était tombée à l'eau, entraînant la mort de sa secrétaire Mary-Jo Kopechne.

Pendant son premier mandat, Dornan a averti ses collègues que des agents du KGB étaient probablement en train d'espionner les débats depuis les galeries destinées aux visiteurs. Un jour, il a pénétré à grand fracas dans le presbytère d'une église d'Orange County et a dénoncé les évêques catholiques comme de dangereux communistes. Une autre fois, il a piétiné le drapeau nord-vietnamien pendant un débat avec le vétéran et militant pacifiste Ron Kovic. Il a même brûlé Jane Fonda en effigie sur le campus de l'université de Californie du Sud. Lisez un peu ses déclarations et demandez-vous si le pauvre type n'a pas besoin d'une aide psychiatrique d'urgence :

« Essayer de vous expliquer ce qu'est le patriotisme, Monsieur le Président [Clinton], c'est comme essayer d'expliquer le judaïsme à Hitler. Vous êtes tellement assoiffé de pouvoir que la vie est pour vous quelque chose de secondaire, qu'il s'agisse de la question de l'avortement, de celle de l'euthanasie ou de votre programme de réforme du système de santé. »

Ou encore :

« Jadis, je regrettais fort que ma date de naissance, le 3 avril, ne soit pas la même que celle de Thomas Jefferson, le 13 avril. Jusqu'au jour où j'ai découvert que j'étais né le jour de la crucifixion du Christ. »

Bref, un cinglé, je vous dis. Une semaine après son échec, il a porté plainte auprès du tribunal électoral d'Orange County en prétendant que les électeurs qui avaient permis la victoire de son adversaire, Loretta Sanchez, étaient des immigrés clandestins mexicains. La semaine suivante, je déposai moi aussi une plainte auprès du même tribunal électoral en déclarant que les gens qui avaient voté pour Dornan étaient mentalement dérangés. La section 2208 du Code électoral de l'État de Californie affirme en effet que les personnes « mentalement instables » ne sont pas autorisées à voter. Quand le tribunal m'a demandé d'apporter la preuve de la démence des électeurs de Dornan, j'ai naturellement répondu que « la preuve, c'est qu'ils ont voté pour lui ». Sur quoi le tribunal m'a promis de mener une enquête.

Ces élections m'ont permis de faire d'autres découvertes. J'avais fait envoyer aux divers candidats des chèques absolument authentiques au nom d'organisations créées pour la circonstance mais dûment enregistrées auprès des autorités, dont entre autres le Club des pédophiles pour le libre-échange, l'Association des cultivateurs de chanvre d'Amérique, la Secte des adorateurs de Satan fans de Bob Dole et la Société des avorteurs partisans de Pat Buchanan. J'avais pu constater que ce dernier candidat, bien qu'il soit le plus marqué idéologiquement, n'avait pas hésité à encaisser ces chèques sans sourciller. Cependant, quelque temps plus tard, le candidat Clinton a également encaissé le chèque de l'Association des cultivateurs de chanvre d'Amérique. Quand j'en ai exhibé la preuve lors d'un talk-show télévisé, le chargé de communication de la Maison-Blanche m'a dénoncé publiquement et ma donation a été restituée. Mais ils ont sans doute oublié de me rayer de la liste de leurs contributeurs, car j'ai reçu au nom de l'Association des cultivateurs de chanvre une magnifique invitation gravée pour la cérémonie d'inauguration du nouveau mandat de Clinton. C'est ce que j'aime bien chez ce type : il n'est pas rancunier.

La vague de licenciements continue, même à Flint, où la grande usine Buick City doit être fermée dans un an, dévastant l'existence de cinq mille familles supplémentaires. General Motors a fait douze milliards de dollars de bénéfices au cours des deux dernières années. Mais tout le monde s'en fout, pas vrai ?

La meilleure leçon de capitalisme que j'ai reçue m'a été donnée lors de mon passage à Centralia, dans l'Illinois, pendant ma tournée de promotion du livre. Centralia est le siège de l'usine qui fabrique les confiseries Pay Day. Cela fait plus de soixante ans qu'elle fabrique ces friandises. L'année dernière, cette usine a fait vingt millions de dollars de bénéfices. Le jour où je suis arrivé à Centralia, c'était leur dernier « *pay day* », justement, leur dernier jour de paye. Le directeur de l'usine m'a expliqué que le géant de l'agro-alimentaire qui possède Pay Day n'avait acheté cette entreprise que pour pouvoir exhiber sa rentabilité et la vendre au meilleur prix. Si Pay Day avait fait deux fois plus de bénéfices, elle aurait été fermée deux fois plus vite. Je lui ai demandé ce qui se serait passé si les travailleurs avaient fabriqué des produits de moins bonne qualité et que l'entreprise avait fait moins de bénéfices. Il m'a répondu que l'usine n'aurait pas fermé et qu'elle aurait continué à produire jusqu'au moment où elle aurait fait suffisamment de profit. Voilà bien un raisonnement de malade qui en dit des tonnes sur les priorités actuelles du capitalisme américain. À quoi ça sert de faire du bon boulot si ça risque justement de vous le faire perdre, votre boulot ?

Quand j'ai écrit mon chapitre sur les entreprises qui licencient tous leurs salariés et font travailler des prisonniers à leur place, je plaisantais un peu. Mais c'est malheureusement devenu une tendance majeure dans de nombreux États. Le gouverneur de l'Arizona a même proposé de profiter de l'Accord de libre-échange nord-américain pour construire des prisons au Mexique et y accueillir des détenus à moindre coût ! Est-ce que ce délire va prendre fin un jour ?

Peut-être le jour où nous fermerons ce livre et déciderons enfin de faire notre devoir de citoyens d'un pays qui a désespérément besoin de notre aide.

GLOSSAIRE

Buchanan, Pat ◇ Politicien ultraréactionnaire, ancien collaborateur de Nixon et de Reagan. Candidat aux primaires républicaines en 1996, il s'y était fait le défenseur de l'ordre moral et de la classe ouvrière blanche en occupant le créneau d'une forme de populisme de droite censément anti-establishment, associant protectionnisme économique et diatribes anti-immigration à tonalité raciste.

Banlieue ◇ N'oublions pas que les connotations du mot « *suburb* » sont à peu près symétriquement inverses de celles du mot « banlieue » en français, puisque ce sont les classes moyennes blanches qui vivent dans des maisons individuelles en banlieue, tandis que les Noirs et les minorités occupent des centres-villes (*inner cities*) pauvres et dégradés.

Ben et Jerry ◇ Les glaces Ben et Jerry sont bien connues aux États-Unis pour être une entreprise fort prospère fondée par deux anciens hippies, d'où les noms folkloriques de leurs spécialités, comme la Cherry Garcia – allusion à Jerry Garcia, guitariste des Grateful Dead, groupe culte de l'époque héroïque de la contre-culture californienne.

D'Amato, Al ◇ Sénateur républicain de New York qui s'est spécialisé dans une croisade judiciaire obsessionnelle contre les Clinton et en particulier contre Hillary. Il a ainsi consacré une énergie disproportionnée à deux affaires relativement marginales qui n'ont d'ailleurs jamais abouti malgré ses efforts obstinés : le licenciement (apparemment justifié) par Hillary Clinton de six employés de l'agence de voyages de la Maison-Blanche et l'affaire Whitewater, un scandale immobilier auquel les Clinton seraient liés de façon assez indirecte.

Detroit (centre-ville de) ◇ Detroit est par excellence le modèle de la ville sinistrée par la désindustrialisation. Son centre-ville est un véritable *no man's land* urbain marqué par un taux record de criminalité.

Dole, Bob ◇ Adversaire républicain malheureux de Clinton lors des élections présidentielles de 1996. Il y représentait l'establishment républicain et s'était heurté lors des primaires de son parti à une campagne agressive de Pat Buchanan (voir ce nom).

Forbes, Steve ◇ Ce milliardaire et patron d'un grand empire de presse s'est lancé dans la politique en tant que candidat républicain aux primaires de 1996, axant toute sa campagne autour du mot d'ordre de « *flat tax* », soit un taux d'imposition unique et égal pour tous les contribuables, quels que soient leurs revenus.

Farrakhan, Louis ◇ Leader du mouvement nationaliste musulman noir Nation of Islam, qui propage un mélange de séparatisme ethnico-culturel afro-américain et de conservatisme moral. Défraye régulièrement la chronique pour ses propos incendiaires assaisonnés de dérapages antisémites et sa fréquentation assidue du colonel Kadhafi ou des généraux nigérians. La « *one million march* » qu'il a convoquée à Washington en octobre 1995 a été un succès en termes de mobilisation symbolique des Afro-Américains, et ce bien au-delà de ses propres troupes, malgré le caractère controversé du personnage et la tonalité sexiste du rassemblement (réservé aux hommes).

Gingrich, Newt ◇ Homme politique républicain, propagandiste d'un mélange d'ultralibéralisme agressif et d'utopisme technologique. Surfant sur la vague républicaine revancharde des élections partielles de 1994, il est devenu président de la Chambre des représentants. Son impopularité croissante auprès d'une opinion fatiguée par l'extrémisme des républicains l'a amené à démissionner de ce poste en 1998. Il est également tristement célèbre pour avoir demandé le divorce à sa première femme alors que celle-ci était hospitalisée pour un cancer, devenant ainsi le symbole de l'hypocrisie d'une droite républicaine ultraconservatrice qui prétend défendre les valeurs familiales.

Gore, Tipper ◇ L'épouse de Al Gore est une espèce d'anti-Hillary, incarnant le stéréotype de l'épouse dévouée, fade et sans personnalité. Sa seule originalité est de militer activement pour la censure des paroles de rock excessivement explicites en matière de sexe, de drogue et de violence, ce qui ne fait que renforcer son image de vestale rassurante de l'ordre moral.

Hélicoptères noirs ◇ Dans la mythologie paranoïaque des milices d'extrême droite, le gouvernement fédéral, désormais entièrement dominé par d'obscures puissances mondialistes d'origine plus ou moins judéo-maçonnique, complote pour asservir le peuple américain à ses desseins totalitaires. Un des instruments de cette conspiration innommable : les hélicoptères noirs dénués de signe d'identification qui sont censés sillonner l'espace aérien des États-Unis, préparant l'invasion du territoire américain par les troupes de l'ONU et, selon certaines versions, d'Israël et d'autres entités aux noirs desseins cosmopolites.

HMO ◇ Health Maintenance Organization. En l'absence de système de santé publique national unifié et de couverture sociale universelle, les Américains doivent, s'ils en ont les moyens ou si leur entreprise leur offre des conditions favorables, souscrire à une assurance privée qui leur garantit, en théorie, l'accès aux services d'une HMO, organisme privé de prestations médicales. Mais, outre le coût souvent prohibitif de ces assurances, les critères de gestion et de rentabilité extrêmement sévères qui président à l'activité des HMO pèsent sur la qualité des prestations. D'après Michael Moore, le sigle HMO mériterait plutôt d'être rendu par l'expression : « *Hand the Money Over !* », à savoir « Passez la monnaie ! »

John Birch Society ◇ Du nom d'un officier de renseignements capturé et exécuté par les communistes chinois à la fin de la Seconde Guerre mondiale. Association ultraconservatrice particulièrement active dans les années cinquante et soixante et essentiellement axée sur un anticommunisme virulent et paranoïaque.

King, Rodney ◇ L'acquittement des policiers qui avaient violemment tabassé ce jeune Noir devant une caméra vidéo d'amateur provoqua en 1992 de très violentes émeutes parmi la population noire et hispanique de Los Angeles.

McVeigh, Timothy ◇ Influencé par les milices d'extrême droite, ce chômeur et vétéran de la guerre du Golfe a lancé une camionnette bourrée d'explosifs contre un bâtiment administratif fédéral d'Oklahoma City en 1995, attentat qui a fait 168 victimes.

Mighty Ducks ◇ Ce qui rend détestable l'existence des Mighty Ducks aux yeux de Michael Moore et de nombreux amateurs de sports d'hiver, c'est l'absurde et dispendieuse frivolité de l'entretien d'une équipe de hockey sur glace sous le climat désertique de la Californie du Sud, pur produit du caprice des milliardaires d'Orange County.

NRA ◇ National Rifle Association. Lobby des propriétaires d'armes à feu, présidé par l'acteur Charlton Heston. Malgré les nombreuses enquêtes qui démontrent le lien entre le taux d'homicides élevé et l'extrême facilité d'accès aux armes, la NRA s'oppose obstinément à toute tentative de limiter et réglementer plus strictement le port d'armes, s'appuyant sur des arguments constitutionnels et sur une mythologie de l'autodéfense armée comme garantie de la liberté des citoyens fortement enracinée aux États-Unis.

Perot, Ross ◇ Milliardaire texan du secteur des télécommunications qui s'est présenté aux élections comme candidat indépendant en 1992 sur un programme mêlant des thèmes ultralibéraux et populistes et a obtenu un score honorable. Il a fondé un troisième parti, le Reform Party, qui accueille aujourd'hui en tant que probable candidat aux élections présidentielles le politicien ultraréactionnaire et ex-républicain Pat Buchanan (voir ce nom).

Powell, Colin ◇ Général noir d'origine jamaïcaine, chef de l'état-major pendant la guerre du Golfe. Son origine ethnique et son statut de héros militaire et de modèle d'une intégration réussie en ont fait au milieu des années quatre-vingt-dix un possible candidat idéal au profil de conservateur modéré pour le parti républicain, mais il a finalement décidé de ne pas se lancer dans l'arène politique.

Saturday Night Live ◇ Ce show télévisé à l'humour délirant lancé par John Belushi dans les années soixante-dix avait à l'origine un petit parfum de subversion contre-culturelle qui fut rapidement domestiqué par les grands *networks* soucieux de récupérer son immense succès à leur profit.

Simpson, O.J. ◇ Ce célèbre sportif noir américain était accusé d'avoir assassiné son épouse blanche Nicole Brown Simpson. Tout son procès a été empoisonné par des sous-entendus raciaux et s'est transformé en un véritable psychodrame national. Le verdict de non-culpabilité prononcé par un jury majoritairement noir malgré un grand nombre d'indices peu favorables à l'accusé a été accueilli avec enthousiasme par la majorité de la population afro-américaine et avec un scepticisme amer ou cynique par les Blancs.

Teamsters ◇ Le syndicat des camionneurs, célèbre dans les années cinquante et soixante pour les accointances mafieuses de son dirigeant Jimmy Hoffa, accueille aujourd'hui (comme beaucoup de syndicats américains) toutes sortes de professions bien au-delà de sa vocation d'origine.

Welfare mothers ◇ L'idée que les impôts payés par les braves Américains blancs travailleurs et honnêtes sont engloutis par des programmes sociaux dispendieux qui profitent essentiellement à des mères célibataires noires droguées jusqu'aux yeux et vivant irresponsablement des allocations familiales que leur procure leur nombreuse progéniture est un mensonge statistique mais un argument fort efficace – et teinté d'un racisme plus ou moins subtil – de la propagande ultraconservatrice.

Whitewater ◇ Voir Al D'Amato.

Noam Chomsky

De la propagande

De l'éradication des résistances sud-américaines au contre-terrorisme, Noam Chomsky démonte les rouages de l'impérialisme américain. Avec une remarquable acuité, il passe au crible la "fabrication de l'assentiment", les mobilisations contre l'OMC, le fonctionnement de l'ONU et des cours pénales internationales, et les fondements de l'économie mondiale. Derrière le Chomsky politique apparaît le linguiste, soulignant la falsification du langage, arme d'une idéologie néolibérale qui veut faire passer des vessies pour des lanternes. Une analyse lumineuse !

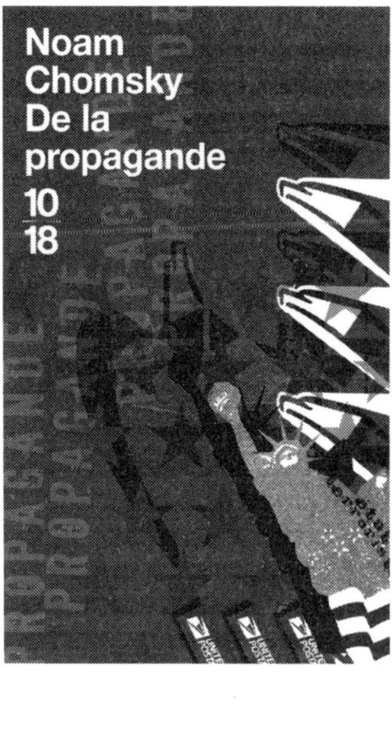

n°3595 – 7,80 €

COLLECTION FAIT ET CAUSE

Michael Moore

Mike contre-attaque

Le Bandit-en-chef George W. Bush et son gang sont à la tête de l'Amérique. Ultraconservateurs et richissimes, ils font main basse sur le pays et partent en guerre contre "l'Axe du Mal". Mike l'Agitateur-en-chef refuse pourtant d'abandonner la lutte et continue de dénoncer les maux de l'Amérique : l'illettrisme et l'alcoolisme, le racisme, la libre circulation des armes, la peine de mort, la pauvreté, mais aussi l'arrogance et l'irresponsabilité de la politique étrangère de son pays. Un livre salvateur et hilarant par le réalisateur de *Bowling for Columbine*.

n° 3597 – 7,30 €

COLLECTION FAIT ET CAUSE

Impression réalisée sur Presse Offset par

BRODARD & TAUPIN

GROUPE CPI

La Flèche (Sarthe), 22962
N° d'édition : 3565
Dépôt légal : février 2004
Nouveau tirage : février 2004

Imprimé en France